策展主體：當代展演實踐

Curating Subject: Practicing Contemporary Exhibitions

林宏璋 著
Hongjohn Lin

美商 EHGBooks 微出版公司
Amazon 總經銷

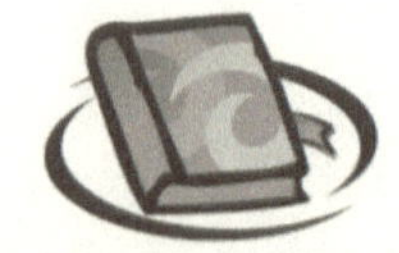

美商EHGBooks微出版公司
www.EHGBooks.com

EHG Books公司出版

Amazon.com 總經銷

2013 年版權美國登記

未經授權不許翻印全文或部分

及翻譯為其他語言或文字

2013 年 EHGBooks第一版

ISBN-13：978-1-62503-013-9

序

　　本文論針對獨立策展發生於 60 年代至今的轉變進行主體性的思考，並觀察雙年展發展過程的特定案例的文化政治邏輯，試圖發展當代策展的「必要之惡」的美學實踐。在脫離宗教及醫療體系的策展-照料」在當代表演性、藝術性、及批判性策展的樣態，是一種在傳統策展人與藝術家角色所重疊的灰色地帶形成的差異性實踐，發展於「之間（in- between）」地帶而進行展演的創作。在如此概念，反映在展演空間的部署往往反應了空間本身的自明性及歷史主義書寫的意義生產，將展演空間的語義化；另一方面，策展的論述空間（discursive space）脫離藝術評論的框架，成為一種在藝術與寫作的宣告性的論述，這種方式類似于精神分析師的角色，在一個「主體應知（subject-supposed-to-know ）」的脈絡下聯系著作品-展演-策展之間的關係。第二部分則進入對于雙年展體系的思考， 經由系譜及普查的方式觀察其生產路徑，發現其癥候及其不滿。經此，「自我反觀（self-reflexivity）」思考策展作主體論證，是一個開放象徵性行動與積極意義。從這，我們看到一個隱含當代藝術之美學政治企圖，將藝術置放在文化物邏輯之外，是一個去中性的展演實踐，逾越展演主題所進行的文化行動。

Preface

The thesis examines the curating subject since the practice became first popular since 1960's, seeking after its parallel exhibition history such as biennials and Documenta and in underpinning its politico-cultural logic for the necessary evil in the contemporary esthetics. To curate, originally used a term for religion and institution purpose, was then reinvented by artistic, critical, and performative exhibition practice, anchoring on the grey zone in between the roles of the artist and the curator for the aesthetics of differences. To install in exhibition spaces always already meant to reflect the axiomatic spatial logics and new historism as well. The discursive space of curating can be regarded as a line of flight from art criticism, becoming a alternative statement for artworks and their writing, much as the analysts in the psychoanalytical sense where the subject was supposed to know in linking the triangular relation among artwork, exhibition, and curation. The second part deals with the genealogy of the biennials and finds its patterns in discovering its symptoms and discontents. From here, a self-reflexive stance of curating practice as a symbolic act for subjectification from within can be realized. It is an cultural action lurking in the politio-aesthetic agenda of contemporary art , through displacing art from its usual settings in denaturalizing   what we supposed to perceived as art and thus to transgress the subjectivity of the gallery.

目錄

目錄

第一章 主題與主體

引領我們到一個重大的問題，
但千萬別問，這是甚麼？
就讓我們去拜訪它，
在房間中女人走來走去
談論米蓋朗基羅[1]
-- *T.S. Eliot*

前言

這段引用自艾略特早期的經典作品的詩句，是整首詩中的高潮點，艾略特在一段描述都會夜遊的場景，突然丟出了一個關鍵字眼「重大（overwhelming）的問題」， 許多不同的詮釋都指向社會及大時代中個人的存在意義，尤其是現代性所產生對於生活的撕裂、拉扯與疏離。但是艾略特的提問，對應著這個類似沙龍的場景描述，它可以是一個相關藝術，尤其是藝術本體的論證，或者說這段詩句是艾略特對於自己以詩的方式呈現自我存在感的反思經驗，這是一個詩學自身本體論的重大問題。在艾略特的自問自答中，問題的答案在語言邏各斯（logos）是個失效的指涉，所以「千萬別問，這是甚麼？」，一個屬於經驗領域的「親歷」身體感知也許是回答這個問題的最好解答， 如同這首詩開始時所帶領出的行動感：「讓你跟我一起走吧」。

我們也可以從這個角度看待策展在晚近開始發展的專業，關於藝術實踐裡關鍵部分-展演-的思索。換言之，藝術如何呈現？又如何構成這個呈現？與觀眾／讀者的關係為何？在文化場域中如何

---

[1] 從 T.S. Eliot 的 The Love Song of J. Alfred Prufrock 原文為 To lead you to an overwhelming question... Oh, do not ask, "What is it?"Let us go and make our visit. In the room the women come and go Talking of Michelangelo. 一開始的句子為"Let us go, you and I "

生產？在這個定義下藝術家／展覽的生產者角色為何？在晚近各類雙年展所呈現的展演形式中的意義為何？對應在這些問題所指向的策展專業性，也許回應了所有當代藝術相關策展工作的複雜性，在整個藝術場域的分工中包含的面向最多，也因為晚近的發展而成為最難定義的專業。無論是實質的物理性空間還是藝術語言的語意脈絡，皆包含著展演本身的藝術呈現，策展相較於藝術場域中的其他工作，是另一種重要的察覺與感知對象。

一個重要的面向，不僅僅在於作品是一種「工作」（work）， 同時還是一個「作品」（work）。 而策展人與藝術家都稱呼自己的展演為工作與作品，在認定的疊合（一個是作品的「作品」，另外是「展演」的作品），在觀看展演的我們好似面對兩個作品重疊呈現。而且在展演過程中，策展的作用無所不在；也就是說，策展的呈現不但與作品同時出現，並且發展在作品之前，作為一件作品的「前文」（pretext），或者更「回溯性」地定義作品的意義。這個意義不但有著展演藝術作品及意義生產的面向，同時也是一個管理面向上的機制意義。在當代藝術展演中，這種雙重指涉下的展演是個多面向的問題，因為這裡牽涉策展主體／主題（subject）的位置；在這種情境下，展演本身再現的統合性及整體性之關聯，是否攸關藝術意義生產的改變？這些由於策展行為出現而呈現的展演語境，如何從傳統的美術館策展人位置更換為獨立策展人？其發展與演變為何？或者更為重要的，這是一種機制上的盤整？換言之，在整個生產體系中，其最大的意義是影響藝術展演中的製造、消費與流通。而也許，這些問題會引領更為「重大」的問題，藉由對於當代展覽及策展的思考，回應目前盛行的雙年展形式，以及將策展作為一種積極意義創作的可能所在。

主題與主體

　　當代展演中所呈現的「策展主體」（curating subject），回應著從 60 年代末出現的藝術實踐所開啓之藝術文化的對話，包含著對於展演及觀看方式的改變，這裡，聯繫著從「展演主題」（subject）以及策展對於作品主體性的辯證。策展人與藝術家、展出權力、抑或作品與作品之間的策展適當及效果。這些面向更需對應當下因為雙年展的盛行，策展人的角色及其與固定機制的互動和關聯，或者策展人成為藝文場域（抑或機制？）之觸媒的可能，以及現今成為某種專業性與學院訓練的現象。

　　「策展主體」的開端，必須對應其與「展覽製作人」（exhibition maker）角色的差異，這也是美術館機制中，展覽部門的負責人與管理者脫離「展覽製作」身分的開始。以紐約現代美術館（Museum of Modern Arts）為例，各個部門如繪畫、雕塑、攝影的主任（director），皆為展覽的製作者，同時也是管理者；而獨立策展做為展覽的製作者，是一個試圖脫離管理者面向的角色。獨立策展人於 1960 年代末期出現，如史澤曼（Harald Szeemann）及霍普斯（Walter Hopps）這兩位指標性的人物脫離其所屬的機制，開始區分出與美術館管理者的差別，也形成獨立於機制之外的個體。如史澤曼的重要展覽《當態度成為形式》（*Live in Your Head: When Attitudes Become Form*），因在所屬的柏恩藝術中心（Kunsthalle Bern）展出時得到負面評價，而使他辭去其職位（1970）；霍普斯由 Pasadena 美術館及華盛頓特區的 Corcoran 畫廊去職後（1970），開始以活動與事件的方式製作展覽。史澤曼於 1972 年成為「卡塞爾文件展」（*Documenta Kassel*）的第一位藝術總監，霍普斯亦在同年於「威尼斯雙年展」（*La Biennale di Venezia*）中策畫了美國館的阿布（Diane Arbus）展；這種策展人與強調實驗性之國際型藝術展演的連接，開啟了當代策展的原型。由此，獨立策展人拉開與既定機制的距離，並和機制中的管理者有所區分，這種區分與距離即在於獨立策展人的眾多角色—如研究、收藏、呈現、經理、財務等特徵，必然不同於官僚／管理機制中所採取的方式。也就是說，這種執行與策畫展覽的方式改變了美術館既定的獨斷權力安排，也不同於其以系譜學所瞭解的藝術史方式進行對藝術發展的調查，而是更願意在概念、美學、知識生產中冒險；換言之，獨立策展的「開端」是從「離去」開始。這也是由史澤曼及霍普斯所開啓的獨立策劃展演特性：一種策展人做為一位「創作者」（curator as creator）身分的開始；或者，更正確地說，對於作品本身「靈光」（aura）的移置[2]，也是一種移動於固定機制之外的「創作」。

---

[2] 在這裡，使用班雅明的概念說明作品本身的作者權及真確性（authenticity）。

策展的起源意義

誠如曾經在許多有關策展的寫作中從策展（Curate）的字眼重新思考其意義，策展人的角色必須從「策展」這個字眼的意義起源中重新出發。策展（curature）原義為「照料靈魂」（Care for the soul）的人，代表確保宗教儀式進行的神職人員，同時也與 curator 這個字的拉丁文演進意義相關，如「照料者」及「守護者」；即 curator 是靈魂的照料者，同時也是治療者，其中呈現了 curate 的主體關係，因為 curate 不但是一種「保護」，也是一種「捍衛」，而這種中介的特性對應著 curature 的神職人員意義，一方面有保護儀式的宗教意義，另一方面則是對信徒的布達，亦即 curate 的照料之義有著「對內」的保存與「向外」的呈現，同時也指涉著一種權力的顯現：curate 總是框架在某物之上，是一種兼具「照料」與「控制」意義的關聯。而策展亦顯現了對內及對外的再現關係，這種再現必須依存在一種「表演性」的言說上，重新部署對內（美學及藝術）與對外（社會及教誨）的關係，而這也是一種介於儀式與展演之間的取捨；換言之，curator 由「展示」（showing）與「被看見」（being seen）框架其表演性。

Curator 這個字眼隨著世代變遷有著不同的意義：14 世紀時，指涉著照顧瘋癲者及幼兒的人；17 世紀，curator 才開始指涉這些在美術館、圖書館、動物園呈現展覽的人。從瘋人院到動物園的共同線索，在於這些機制實際上皆是一種控管系統，套用傅柯（Michel Foucault）的用語，其同時也是一個「半司法系統」；因為這些機制不但是一個管理系統，且以既有的權力自行「決定、判斷與執行」，這便是上述這些機制在過去必定是國家機器中一環的原因。而在此意義下，展演做為機制的代表與展現，其自行「決定、判斷與執行」的權力卻是依存在 curator 個人上，這個在邏輯上的不一致（機制與個人），讓這種展示與「被看見」成為個人與集體的顯現；也是在 curate 與機制中潛在的衝突，使自行「決定、判斷與執行」的既有權力開始與個體產生聯繫；換言之，讓這種「照料他人」成為一種「照料自我」的運作方式。這也標示出策展做為一個機制時的權力路徑：移動在既有「儀式價值」之外的展覽方式，是於個人實踐中所呈現的社會實踐、透過「自我技術」而呈現的機制新關係網絡，[3] 而策展人作為「文化負載者」的意義，正存在於一種集體與個人的疊合、一種「領袖氣質」(Charisma) 本身弔詭性的結果。正因如此，策展在字源上「照料」的意義，對應於美術館中被聖物化、馴化、不可感的藝術物件，正是要「照料」藝術中失卻的作用，以回復其可被感知的方式。可以說，獨立策展從機制的出走，是一種照料藝術的方式、是一種蘊含在「策展」主體之中的實踐。

對策展人而言，每個展演計畫都是在現存機制中不斷溝通的結構與結果，因而，這種移動既有關係的「照料」，不僅發生於展覽中，也發生在其權力的面向，更是一種對於藝術的移動。如同史澤曼本身的策展實踐在 1972 年卡塞爾文件展中，利用表演、行動、電影等依附於科幻小說、廣告及烏托邦等子題下的策展規畫，企圖營造一個暫時的藝術移動關係。這些在情境之中發生（ work-in-situ ）的展演，也是以一個暫時存在的狀態標示出展演機制的移動，這不僅是在物理上以空間來思考這種移動與展示性的意義，也包含將展演做為一個整體，向公眾展開的語言關係。因為溝通與對話所產生的展演情境，是透過一個既存意義的出走，來標示既定知識生產的出走；這是當代展演做為一種知識生產方式的獨特處（或許也是策展論述與藝術評論之差異所在）。在這裡，獨立策展機制維持一種暫時的烏托邦狀態， 半自主區塊（ semi autonomous zone ）；也是一個由策展語境及視野所開放的場所、維繫在公眾與專業的機制移動；從另一角度而言，這正是將展演修辭做為一個移動過程，呈現作品語意及展演修辭策略的方式：一種對原本配置的重新劃分。而這也是策展做為一種創作意義所在：策展人所憑藉的藝術物件並不可見，因而不擁有藝術作品的靈光，而是必須透過物件的消失（於展演）方能呈現；也許這正是當代策展實踐最為吸引人之處，同時也是策展做為一個主體在展演中透過缺席而顯現的證明。

---

[3] 如同傅柯指出，在生產、符號及權力等技術中， 自我技術是一種我及他者的群我關係的展現， 包含在行為、思想、身體與存在等等的關係上。見 Michel Foucault, *Technologies of the Self，Technologies of the Self: A Seminar with Michel Foucault*, Martin, L.H. etal. （London: Tavistock. 1988）16-49.

表演性策展

我們可以從僅僅存在於中文世界的藝術黑話「策展機制」開始進行當代台灣策展行為的思考。「策展機制」這個名詞實際上有別於「機制批判（institutional critique ）」，且無與之對應的外語概念、藝術作品與實踐脈絡，如 70 年代艾許（Michael Asher ）、哈克（Hans Haacke ）等人的創作計劃。「策展機制」是一個「模糊創造（creative ambiguity ）」的語言，然而這個僅在台灣藝術圈出現的術語也顯示出其於地區的特殊性（或者發明這個字眼的動機）。這個名詞的出現反應了當代藝術展演在今天逐漸落為陳套，其背後的經濟、文化成因，或是策展真的操作於權力運作的「機制」，發展其在結構性與社會性行為的規範裡。就此層面而言，包含了策展人在藝術生產位置與軌跡的問題，亦顯示出藝術作品在展演的不滿狀態。而中文獨有的「策展機制」辭彙也反應出藝術家與策展人在展覽中的權力衝突，凸顯的意義往往在於作品與展覽界限如何劃分的問題，也就是決定作品意義的詮釋權問題—是誰在說著藝術的故事？是誰決定這個故事的敘述架構？策展者的作品與工作的關係？。隨著「策展機制」名詞的出現，台灣幾乎於同時也發展出有別於一般展演的其他展演形式，不單是利用藝術作品在策展題目下展開的議題性展演方式，或是以美術館／畫廊空間之外的「非白盒子」空間，作為一種對抗機制的樸素展演策略。如同在 70 年代 Brian O'Doherty 在《逾越白色方塊－藝廊的意識形態》(*Transgression of the White Cube- the Ideology of Gallery*) 書中，[4]指出藝術必須利用空間本身來挑戰美術館/畫廊機制，其論點可以適當說明展演對藝術機制的挑戰與批判。他認為在白色立方體的藝廊空間裡，藝術品有如神器般呈現在觀者之前，而展覽空間則有如教堂或神殿，空間的作品格式（利用多元的素材在一個空間中展演）是挑戰與批判藝廊的意識形態所想當然爾的展演策略。

表演性展演通常會重新發展與觀眾的關係，至少在表面意義上，強調參與展演習慣的改變，一種「去中性化」（denaturalized ）的展演，也是一個回應制式的展覽形式。或者可以說，這種策展行

---

[4] Brian O ' Docherty, *Inside the White Cube: The Ideology of the Gallery Space* (London: Penguin Perec, 1986)

為即在回應展覽本身的歷史及問題。在此意義下，「藝術作品」與展演的概念呈現出一種有機狀態，常常在作品之外呈現作品作為展演的意義；在作品的單一語義之外，展覽中作品的作者（藝術家）與策展的作者（策展人）位置重疊，在這些疊合的灰色地帶中，作品必須以另外一種方式顯示其意義，而這些展演的形式往往非作品的集結、是以單一議題的方式呈現，如論壇、辦公室、問卷、調查、文件、計劃書、影片放映行動、資料庫、社會行動等形式呈現。對應著「策展機制」字眼的出現以及這類型的展演方式在台灣興起，在這個平行性中，我們可以發現中間蘊含這些行動對「策展機制」這個關鍵字的實踐式回應，如果不是對於策展行為進行一種反省，至少也可以看到這裡有著對於制式展演的反動。然而，在這些展演中，最為主要的並非意指對展覽形式自身的批判，而是策展人的身份作為作者身份的詮釋權，也是策展主題對於作品主題的詮釋框架問題。

當然在藝術展演歷史中，藝術作品以及展演的作者權歸屬是早在策展人扮演當代展演重要角色前就有的問題，其中最為重要的案例是史澤曼 1972 年所策劃的文件展《質問現實：今日圖像世界》（*Questioning Reality - Pictorial Worlds Today*）中，所浮現的有關策展及當代展演美學樣態在當代藝術展示機制中意義生成的競爭。換言之，重新宣稱擁有作品意義的詮釋權而奪回這個權利，必須更主動將作品視為「觸媒」或「道具」，挑動著觀眾的判斷，因此將原本呈現作品「品質」的藝術生產， 轉向為調整判斷品質標準的媒介。換言之，藝術家位置從單純生產者轉而為監控與調度生產的運作，這種藝術呈現的方式，是當代展演重要特性。在藝術發展的過程，標識著這個轉折是在 1972 年史澤曼策劃的文件展所引發的一連串事件，展覽中，史澤曼破天荒對展演下了策展標題《調查現實： 今日的影像》（Inquiry into Reality：Today's Imaginary），一方面表示藝術家角色的「去專業化」，同時也是策展將藝術家作品作為其作品（指展覽）的組件。 當時部份參展藝術家對於這種決定意義的策展方式不滿， 一些藝術家在雜誌上刊登文章、廣告或是以作品回應，更有些藝術家如 Donald Judd、Robert Morris 則退出展覽， Daniel Buren 則是出版自己的展覽書冊，並在展覽空間四處安插自己的作品，這種對於作品展陳方式的改變，可視為藝術作品意義詮釋權的爭奪， 更是一種對於藝術家工作及身份的再次界定。在第 5 屆文件展中的各種爭議與抗爭，其重要歷史在於當代展演裡藝術家工作不再是單純的生產作品，或是從作品生產意義，而是強調取得生產意義的位置與手段。 換言之，在當代展演中藝術家必須與策展人位置抗衡，經由藝術與相關論述的界定作為策展的實踐，提出對於擁有意義者位置的權力批判。這個事件延續到現今的版本正是 Jens Hoffman 在 2005 年提出的《下個文件展必須讓藝術家策展》（*The Next Documenta Should be Curated by An Artist*），其意義在於創作者必須逾越自身之工作／作品作為積極生產的角色，在不同場景中彈性地擴張其作品，將藝術家工作視為與觀眾互動的媒介，機動靈活地界定藝術實踐的有效性。

而藝術家們開始試圖對抗的「機制」，就是策展人為作品附加的另外一層意義，一方面是策展人為藝術家作品代言的身份，另一方面則是展覽標題為作品添加的語義空間。藝術家們試圖經由印行自己的書冊以及擴延作品的展出場地，甚至以拒展等行動抗議策展人。究其因，即是當時對藝術家而言，作品的主宰以及詮釋權並不掌握在藝術家手中，而是策展人。這是策展人進入原本以藝術家作為藝術品生產者時所導致的爭執與對抗，同時也是展演本身就是策展人與藝術家共同擁有作品的問題─展演本身作為作品以及藝術家作品處於展演中疊合的界限問題；然而今天策展人與藝術家合作的程度，遠遠超過展覽標題的限制，或展覽作為作品的集合。許多的作品是在討論、溝通及衍生舊作的條件下產生，而非將作品視為一種「現成物」的展演工具。此過去於文件展浮上檯面的爭議事件，一方面，可作為我們思考在台灣所產生的「策展機制」名詞的註腳，但更為重要的是如何能更具前瞻性地進行對策展行為的思考？在這種當代策展實踐的轉進時，如何使得策展行為介入展演時成為主要部分，透過與藝術家合作關係以及作品間的灰色地帶等來造成機制的移轉？而這個機制又是什麼？

策展人瑪麗亞‧林德（Maria Lind）曾經利用「表演性」（performative）的名詞作為描述此類策展實踐展演；在這些強調活動性展演中，往往以一個機能化的場所作為這種移置機制的關係，如辦公室、電影院、工作計劃及其他人作為主題的活動（問卷、調查、文件）等。然而，表演性這個從性別政治上所挪用的概念如何能不僅是取其字面意義，而是落實在藝術展演且能產生美學政治上的意義， 此仍是一個未開發的課題。正如同朱迪斯‧巴特勒

（Judith Butler）一直強調表演性、操演（acting out）與性／別機制的關聯，以產生模糊性／別建構的單一可能性[5]；同樣的，此類型展演是否能鬆動藝術機制的單一性，或者是否有一種複數性展演機制的可能？

如果展演真的是一個機制，那麼這個單一機制本身就定位了作品、創作者、策展人、作品與觀眾等身份的位置。在這個機制中，一種固定成套而不受挑戰的社會習性模式是可以想見的，這也定義了藝術作品陳列以及觀看的方式在機制下成套的行為模式，往往在這個單向觀看的方式中，觀看藝術成為一種被動的行為，藝術價值是被給予的（透過展演手法等），僅是消費，而非生產。如果展演的目的是提供一種創作經驗及實踐，在創作的可能性（及不可能性）之間，消費式的觀看則限制了對藝術品創作及再創作的可能，在強調規範性機制面意義上，觀看展演成為一個評價藝術的場合，而非一個再創作的過程。換言之，經驗作品成為一個被動的閱讀與觀看，而不可被主動的創作。這是在機制開放以及移轉作為一種展演策略時，必須考慮「表演性」的政治面向，也正是在這個意義上，這類型的展演並不訴求一個包含在道德、美學、政治、社會價值等意識形態問題，因為對展演而言，這些價值往往是透過再現而產出。

當然，在台灣這類型的展演大部分是小規模的展演，因為不是傳統定義上的展演模式，作品的擺設、藝術家與策展人角色得以調整與更動，同樣的他們所設想的觀眾角色也是在這個變動中，必須從被動的從接收者身份轉換為主動創作經驗。相較與一般展演而言，這種策展行為的「理想讀者」（ideal reader）當然不再是被動的消費者，而是生產展演的一環，作為展演中不斷創造展演經驗的生產者。也因為如此，在這些展演中總會有一種群聚性，其意義並非在社群藝術強調以社區作為主體的藝術形式，而是透過展演的平台、策展人、藝術家、觀眾、各種場合及機遇，塑造一種群體感，這裡包含著各個角色的自我組織、網絡及自我定位。在這類型的展演中，個人與群體間的關聯性是展演計劃的重心，因此，這些計劃參與者（包含觀眾）總是不斷的自我定位，於展演中扮演各式各樣

---

[5] 這意味必須在異性戀的母體外， 建立移置的第三性的性別政治，見 Judith Butler, *Gender Trouble: Feminism and the Subversion of Identity* (London: Routledge, 2006)

的角色，同時也在文化場域中定義自身的位置。對於這種策展策略
而言，因為他們所被給予的條件並非是機制化的展演情境，而必需
是一種更為彈性且應變的策略（或機制），這是在從機制面的考量
讓策展行為作為表演性展演的政治性，也同時進行對於展演機制的
反思（reflexivity）。

　　在讓策展成為策展機制的介入的展演中，反諷（irony）總成
為一個普遍存在的語境，無論是情境反諷或是戲劇反諷，無論在作
品間或是策展人與藝術家的定位上，一種屬於諷喻的特定修辭方
式，建言（正面）與批評（反話）同時存在，這是透過展演對於「展
演機制」的愉悅／逾越回應，這是在一個任何形式都有可能成為展
演的今天，被動的觀眾轉向作為主動的另一種思考。

策展人作為藝術家，　或藝術家作為策展人

　　現今的藝術系統往往跟市場有關，尤其藝術一直是資本主義的重要環節，　在文化工業的概念下，藝術是文化經濟的表現，或者說藝術品就是商品。但是今天觀看展覽大眾很容易將這個元素視而不見，或者藝術展覽中總是慣性將藝術品等同於商品的性格掩藏，這是展演本身「中性化」的展演策略，尤其是利用展覽包裝藝術品的靈韻，鼓吹一種神祕而獨特觀看藝術的經驗。班雅明書寫的《拱廊計畫 》（*Arcade Project*）中，描繪著城市的遊蕩者與展覽的觀眾有著同樣的身體及感官經驗，這說明了直到現今展覽場域依舊是抽象且中性的白色空間，而作品陳列邏輯是要讓藝術作品以容易滿足觀眾凝視的觀看方式呈現。[6]

　　如此而言，藝術系統正朝向它原本試圖拉開的大眾文化邁進；也因此各別的藝術作品可以被標識出市場價值，同時也是朝向一個複合的展演方式，將建築、設計、電影、時尚作為全體性的美學經驗。當代藝術以弔詭的方式回到 20 世紀初期前衛主義的路線，如包浩斯、構成主義、超現實主義等展演策略；也因此當代藝術實踐可視為一種展演實踐。這意謂著當今的藝術家與策展人角色越來越難以劃分。　雖然在藝術系統的傳統分工上，分界十分清楚，　藝術作品由藝術家生產，然後被策展人選擇作為展覽的元素。可是從前衛主義開始動搖了這個分工界限，第一個例子正是在一百年前的杜象作品《腳踏車輪》(*Bicycle Wheel*)，將現成物的腳踏車輪與板凳結合，陳列在工作室的門口，從這件作品的展演策略來看，製造藝術是將物件展示為藝術品，換句話說，正是以策展人的工作代換為藝術家的工作，亦即，生產藝術就是陳列藝術的方式。

　　如果展演的目的是在於提供一種創作經驗及實踐，創作行為往往成為對於藝術品創作／再創作的可能。在強調規範性機制面的意義上，觀看展演成為一個消費藝術的場合，而不是再生產創作的過程。換句話說，傳統的展演方式是一種被動閱讀與觀看，而不是主動生產創作。這在機制的開放以及移轉作為一種展演策略時，　必

---

[6] 都會及商場的遊歷經驗在其階級的屬性非常接近當代展演中觀眾。Walter Benjamin, *Arcade Project*, Trans. Rolf Tiedemann and etal., (Cambridge, Mass.: Harvard University Press, 1999)

須考慮「表演性」的政治面向，也正是在這個意義上，這類型的展演並不訴求包含道德、政治、社會價值等的美學意識形態，而是檢視這些意識形態生成的方式，這呼應著知識生產的跨界研究，尤其在藝術領域中，當代藝術原本作為創作藝術文化的實踐與成為批判及評論生產本身。可以說，這種「遊戲」在於重新配置文化的關係，並非僅是嬉鬧；而是植基於論述（discursive）實踐的方式，經由多元角色將原本場域中事、物與現象對象化所形成的創作狀態。因此，必須在既有背景與環境中，改變物件、人、事、地方、場域的脈絡操作，利用這種方式持續地建構本身的語義空間，這種概念化的實踐取代了物件形式生產，「判斷」與「研究」成為創作主軸。經由「認定」與「宣稱」標識的美學樣態，其多樣性實際上是跨域所呈現的批判行為。

藝術發展過程中，這種跨域論述操作並非偶然。最為明顯的線索是藝術觀念化之操作方式，從杜象、觀念藝術再到機制批判的作品中，觀察這種以作品作為論述形式的方式，將物件為主的具體生產轉移到將觀念對象化，並聯繫其相關元素，作為結構作品的藝術形式。其中「去技術化」特徵是必然的，因為在概念化的過程中必須重新定義作者、作品與觀眾間之關係，因此動搖了作品作為一個整體（entity）之屬性，換言之，　正是作品位階、作者權（authorship）與原創性（authenticity）重新配置的關係。

愉悅的作品及工作的逾越

　　展演中「多樣性」在當代性的「跨域」創作意義不在於題材的多樣、媒材的豐富等表象，而是將跨越及逾越作為在認識論上的跳躍，作為跨越原本規訓（學科）的行動，是端賴一個對於古老成對概念 work／play 的重新詮釋，並重新配置其關係的美學實踐。一方面標識當代藝術中純粹美學凝視的不可能，因為它被「懸置」，放入「括弧」中被視為評論與思維的對象，也呈現一種他者的凝視，歷史、文化與社會大主體的「返回凝視」（returning gaze），透過作品告訴觀眾面對一個裝置場景、舞台陳設，如何作為創作者擺弄道具。這是當代藝術作為規訓、專業及知識生產的考量，對於藝術家及作品／工作重新位置的調整。

　　因為從作品媒材及風格分類思考，這些複雜多樣的作品難以歸納為單一創作主題及材質。這種無法範疇化（categorization）的意義在於每個階段作品展示中，作品的物理與功能，更改材料的選擇及安排，甚至其整體印象與模式、所屬的空間特質（社會空間及展演空間），這種重新配置藝術家與作品的關係如同展演本身就是一個主體的宣告，換言之，創作中「更換」（renew）性質本身就是其主題。不過，如果我們因此而推論，「多樣」、「多變」就是代表著在藝術創作中「後現代精神」的一種遊戲，認為由「多」所產生代表著「越界」與「顛覆」，認為藝術創作如同衣裳僅僅是表面功夫（擬像），這種創作位置所產生的移動透過不同觀眾屬性、呈現方式、成為一個未曾規範的範疇，這是在概念化創作中所形成的特殊形勢。

　　經由台南藝術大學及台北藝術大學的學生分別在國際藝術村及乒乓藝術工作站所進行的展演呈現，我們可以從中觀察到他們兼具策展人與藝術家的工作與身分時所生產的展演方式，這個方式顯現在乒乓以展出作品集合的總稱來作為展覽名稱，其展名為《過不去的未來.LIVE.克漏字.春江花月夜.此就在》。其中，許怡慈的作品討論了台灣在市場機制中消失的另類藝文空間「阿普畫廊」，有著一股永遠逝去的哀愁。蔡宛潔挪用了過去一年來在台灣藝術展演名稱，將其轉換為「慢板嘻哈」（trip hop），填充著各式各樣風花雪月的修辭。吳權倫將畫廊及藝術雜誌的廣告作為藝術主體，將展覽直接代換為作品。 劉星佑把進入藝術系統的行話作為藝術圈入學考試的場合，將語言政治作為藝術機制的一部分。 張乃仁錄製大賣場強硬行銷的導覽聲音在藝術展演中，回應精緻文化工業淪為大眾文化的行銷。這五件不同作品評論台灣藝術場域的現狀及展演陳列本身的實踐。

　　台北國際藝術村的《藝術笨蛋》以一個處於不斷建構的展演主題館，並配合其他複合媒材的作品。 主題館是《好想去卡塞爾文件展》的命題來評論當代藝術奧林匹克盛會中不為人知的社會、政治脈絡， 引出其間斷裂的面向。這些藝術家以「超展開」（hyperextension）為名，無厘頭的展演策略，像是 B 級片超越傳統電影敘事之外的場景及剪接手法。而這種必要之「惡趣味」是動搖原本藝術與社會既定關係的手法， 也是揭示原本在社會中藝術不被顯示的一面。 林奕維將文人寫意的釣翁情境激烈並置於都會建築頂樓小橋流水的水泥花園。李旻軍將變電箱風景彩繪與詩意風景畫並置，而吳樹安把 80 年代的老歌超連結在學院精神分析的晦澀語彙，王萱把一般我們忽視的展場現場作為呈現的場景等。更為重要的是利用一個遙遠的國際大展「超展開」作為原本藝術國際與本土想像的客觀反諷。展覽經由藝術分工的模糊化，將原本既有定位的作品、創作者、策展人及觀眾等身份的位置開始調動。在傳統單向觀看的方式中，觀看藝術成為一種被動的行為，藝術價值是給予的，僅是消費，而非生產。

　　反諷可能是在於讓藝術實踐與策展實踐的結合， 「反諷」 是個普遍存在的語境，無論是情境反諷或是戲劇反諷，無論在作品之間或是策展人與藝術家移動的定置上，一種屬於諷喻的特定修辭方式，建言（正面）與批評（反話）同時存在，這是透過展演對於「展演機制」的評論回應，這是愉悅的作品，同時也是一種規訓的逾越，這是在一個任何形式都有可能成為展演的今天，被動的觀眾轉向為主動的另一種思考。 作品（work）與工作（work）中的「多」，其平行關係可視為一個意義整體，由「自我反觀」邏輯蘊含概念思考遊戲（play），例如打亂展覽中的場地、物件、社會與觀眾之間的權力關係等，其間牽涉到美學、語義、歷史、經濟觀點，以及規訓／類型上文化主體的意義，這種跨越的基礎在於不同專業角色之間的轉換，是評論者也是創作者，是管理者也是教育者，是歷史研究也是社會研究。這種經由將作品對象化作為跨越類別的特性，將原本各別專業規訓混合與雜化的概念操作，其任務不再是一個涇渭分明的劃分，其立場是靈活的，因為變動不是遊戲本身，而是遊戲規則的改變。

　　這些藝術家／策展人透過展演情境告訴我們藝術的目標永遠不是改變事物，　而是在於一種展現的政治，讓原本看不到與忽視的部份得以顯現的藝術社會關係。　藝術「恣意為之」的愉悅舉動，或是風格及美學中「流變」等符號的運作，會失去思考「多樣及多變」特性中所涵蓋在專業（profession）及規訓間跨域創作的實踐意義，　如此一來，　我們會忽略無法歸納的美學規訓（ aesthetic disciplinary）之真正意義，這裡意味著在遊戲與工作、才情與作品之間當代藝術辯證關係的顯現，更為重要的，是忽略了體現在作品中地位階級及權力在「跨域」（trans- disciplinary）所扮演的位置及角色。

展演空間化

70 年代的場域（site）理論（如 Rosalind Krauss, Jameson）是從肌理到表面的美學態勢轉折，也是當代美學從場域到非場域的轉換，實際上是我們對於當下空間的體認並非限于一個定點上的執念。拉崗（Lacan）的鏡像階段理論說明了主體形成的概念（同時也是一個空間概念的轉換），拉崗所要說明的是主體並非從鏡中影像確認其主體性，進而建立主體確定性的個體，他所著重的主體性是處於拉扯破碎現實殘像與鏡中美好全像之間的狀態。換言之，主體必須於兩方對峙狀態中產生，進而知會主體與他者的位置。同樣的，藝術的自主性必須從對峙中展開，所呈現的美學樣態是框架于社會現實面之上。

我們生活在一個空間的時代，而非時間。試想；現今我們能夠旅行到遙遠的地方；與遠方的人即時溝通；能知會地球另一端所發生的事，世界版圖正在縮小中，時間的概念正被空間所侵蝕，換言之，我們利用空間對時間來衡量時間，更精確的說，我們的時代是一個把時間空間化的時代。在文學的領域也是如此；我們不乏在現代小說中，看到以空間作為主題的敘述方式；在 James Joyce 的小說《都柏林人》（*Dubliner*）；我們看到的是一個以都會空間作為一個平行發展其故事性的架構，一種在空間體系展開的故事；當我們開始使用「全球化」這個流行字眼時，我們不得不注意這是一個以空間（全球）作為基礎描述這個世界政、經、文化資本流動現象的名詞；而其所取代的字眼「現代化」正是一個以時序為主的概念。可以說，我們當下所經歷的全球化是多元性的概念，在這裏順序不再是重要的：遲滯的現代、前現代、後現代等概念，還未若以空間的姿態對現狀更有力的描述與宣稱：跨國的、多元性、非場域的、場域等。

而視覺藝術的展演發展又未嘗不是如此呢？近 30 年來有關藝術的發展，在場域、非場域，空間與感知的命題，一直是藝術工作者及理論所關注的對象。從 60 年代末，以 Robert Smithson 的地景藝術，提出場域及非場域的對照，而後如，Robert Morris、Richard Long、Sol Le Witt、Danial Buren、Richard Serra 等藝術工作者針對如此的議題，提出其美學的關照。但其實在藝術發展中，我們可以觀察到藝術所展開的空間之對話，實際上是有跡可尋，Malevich 的《黑格子》（Black　Square）使用聖像的地點懸掛其畫作，這個概念我們可以視為普遍性的美學姿態，另一方面，我們可視為政治意識形態與美學的結合；而杜象的《腳踏車輪》(Bicycle　Wheel)也提出一個空間的命題：這件拼裝藝術物呈現在藝術家工作室之門前，觀眾欲進入他的工作室參觀時，杜象要求他們必需旋轉這件作品的輪子，而觀眾會透過旋轉的輪子，觀看其工作室內的作品。杜象的這件作品迫使觀者從觀看的內容(content)轉化為觀看的脈落(context)；作品所座落的位置(工作室門前)，成為觀看畫面的框架，也是藝術展演的策略工具。杜象為我們提出：如果藝術在於呈現一種「視覺幻像」，那麼透過輪子旋轉所產生的閃爍不定認知就是藝術品之視覺幻像的濾片(filter)。杜象在提出展演空間所處的戰略位置(門口)時，使藝術作品的認知形式改變了，這是一個由于地點所突顯藝術空間議題的另一個案例。我們可以說，如果把整個觀念藝術的發展不限于 70 年代的藝術風格指稱；那麼以觀念作為藝術創作的方式，我們可以觀察到空間化在其中所扮演的重要位置。更正確的說，這是一種「概念操作」的空間化。

　　Rosalind Krauss 在《擴展場域的雕塑》（*Sculpture in the Expanded Field*）以精神分析的圖表方式，歸納性解釋後現代雕塑的可能性，其完成於 1979 年，是當地景藝術走到一個可被觀察的點。Krauss 利用範疇的概念框架出後現代雕塑的可能性，並歸納出屬於這個面向的藝術工作者，著眼於雕塑的範疇介於建築與景緻（landscape）之間，而利用「符號圖誌」（semiotic mapping）標識出建築與雕塑的分野。其定義的方式毋寧是從古典藝術史的範疇出發，換言之，形式、內容、媒材、藝術實踐等成為其規範某一範疇的方式。Krauss 寫到：（擴展的領域）是一個歷史性的問題；同時更重要的在於圖誌其所討論的展演議題。這裏不僅僅是一個轉移到後現代主義的根本原因；也質疑是擴展領域的決定因，這是一個歷史工作者從展演形式的歷史建構詳密起源的概念。[7]

　　在這裏，一直出現的關鍵字眼，如「歷史」、「後現代」、「形式」等。似乎需要更清楚的指稱，這也是在藝術理論中一直爭論的對

---

[7] Rosalind Krauss, edit. Donald Preziosi, *The Art of Art History: A Critical Anthology* (New York: Oxford University P, 1998) 297

象：如 Krauss 的後現代指的是「後現代性（postmodernity）」，或者是後現代主義（postmodernism）」；前者指的是一個時代的文化、政、經意義；而後者是一個較狹義的美學風格運動。這中間未必是等同的。而「歷史」在 Krauss 筆下游走在兩種不同的歷史之間：文明史與藝術史，後者建構於「藝術作品」的歷史，自然偏重於形式與風格的分析。無可避免 Krauss 企圖在於建立一個框架藝術史的形式演進過程是不言而喻的：利用雕塑的灰色地帶描繪出造型藝術在當代的圖像，而這種發展是一個擴展的場域，並且藉由形式與媒材的發展試圖對照一個歷史的使命。而我們也不得不注意這種模糊的指稱所造成的弔詭性，Krauss 企圖為這些藝術工作者建立一種普遍的價值觀與歷史必然性，如此的普遍性建立在對形式的觀察與分類，經由 Krauss 的理念，我們是否在面對一柏拉圖式的普遍形式（Form）藝術理念？可得知的是 Krauss 注意的是一種藝術史的歷史主義，是一種對於整體（totality）的想像，而非一種特定的歷史書寫，其立場並非著眼於另一個更為有力且實在的議題－作品所坐落的場域，畢竟這是與作品所在之社會脈絡使作品發生意義的關鍵。因而，如 Robert Smithson 作品中對生態議題的訴求、Bruce Nauman 作品中傾向於大眾文化的動機、Richard Serra 對社會議題的處理。在 Krauss 的理論中並未納入其所討論的範圍，而 Krauss 所提出的「自明性的結構（axiomatic structure）」是指在建築與非建築之間形式的「自明性」（如 Serra 的作品），並非作品所坐落的場域延伸空間的概念，亦非從作品與場域如何意義化的姿態中觀察其關聯性。Krauss 註記的後現代藝術是一個沒有文化、社會脈絡參照點的美學觀，是一個去政治化的形式主義。

在 Jameson 的著作《後現代，和晚期資本主義的邏輯》（*Postmodernism or, the Cultural Logic of Late Capitalism*）中，處理後現代藝術的面向是一個與 Krauss 相反的途徑。他以後現代性的概念企圖說明當代藝術中空間化的傾向，其基本在於後現代主義（美學）是一種文化姿態。Jameson 利用「後現代空間化」來說明藝術、空間、場域中的關聯，這個空間化的姿態是建築在一個以文本作為基礎的美學樣態上：如身體作為文本、國家作為文本、美術館作為文本等，而時間在這種概念下僅是空間的體現，「空間化是使時間臣服在空間的邏輯之下。」[8]他論及近 40 年來觀念藝術的發展時，提

---

[8] Fredric Jameson, *Postmodernism or, the Cultural Logic of Late Capitalism*

出：「觀念」這個字眼本身提出藝術形式的最終目標－意即心靈的知覺範疇，如果在藝術的形式中，這些我們在過去未能夠知曉它本身是個物件，同時在觀看的過程中我們一直有著物質的基礎，這就是觀念操作的空間化，因為觀念藝術一再反復告知我們空間場域是我們可移動的範圍，同時也是我們可確定的經驗。Jameson 提醒我們：觀念藝術即便是無形的，它必須在一種可被認知的狀態中去察覺不可「見」及不可「視」的物件及場所，同時也是一個具體的狀態。我們不難了解他所強調的「圖誌」（mapping）概念，實際上是一種將「觀念」空間化的狀態：一種類似詮釋學（hermeneutics）的方式將當下場域「懸置」的一種手法，他列舉如：Robert Gober、Hans Haacket、Nam June Paik、Bruce Nauman，說明後現代藝術利用圖誌手法呈現一個文化關係。而「特定場域」的概念在這裏是一個「反轉」（inversion）過程，在這個過程中，作者將讀者觀看的事物放如入如「引號」般的文本，在這種定義下展演在於使媒材與呈現物間產生關係。他提出：「歷史中，過往的歷史與風格辯證，形式與內容……變成一種『現成物』，從其原有語義的概念及其隱喻的概念中剝離。」[9] Jameson 的概念是一種「新歷史主義」，但這種歷史主義並非是一個開展的歷時過程，而是一種共時的顯現，意即過去成為一個可以被檢視的對象；在這種情形下，時間、歷史、機制、文化、自然甚至包含身體，均可構成這個可被觀看的文本。然而在 Jameson 的空間化概念下，卻包含「政治的潛意識」存在；這個概念中，包含著一種對烏托邦的想望，他稱為是「在烏托邦終結後的烏托邦主義」：意即在藝術作品中開啟政治面的訊息不再是一個對整體現世的想望，而是奠基在作品空間化的週遭，這是一種「微政治學（micro-politics）」的概念。

在 Krauss 與 Jameson 間，我們看到對同一藝術類型的觀察卻有著不同的方法與途徑，我們一則可視為詮釋藝術時的兩種不同角度與訓練：文化與藝術、內容與形式、政治與美學等。但兩者均同意藝術作品與場域的關聯性在於作品如何自身姿態化的概念，無論這種姿態是形式、物理或其意涵。作品的姿態在於如何自身成為一種文本化（textualization）的表達方式。在文本化的概念中，無論是脈絡化或解其原有之脈絡，本身是一種反觀（reflexive）現世經

(Durham: Duke University P, 1991)157
[9]　Jameson，174

驗。我們不得不注意到在 Haacket 的作品對於美術館的批判在於一種「反轉」，而作品依存於場域的意義在於「縫合」作品與其為作品邊緣的概念。我們可以說，Haacket 把作品邊緣形成作品的中心。他企圖顯示圍繞在作品機制之外的概念：作者權、經典、歷史、文物、美術館、收藏、資本的運作等。然而在 Haacket 的作品中。不僅顛覆藝術的神聖性及其典藏與展覽的機制，更為重要的是藝術在這個概念下成為一個可被察覺的「整體（totality）」，而非隱藏於白牆之後的權力運作。Haacket 的議題也暗示著當代藝術必須從美術館及畫廊意識形態出走的可能性。如此一來藝術勢必面臨更大的詮釋空間之挑戰，因為藝術面對的是瞬息萬變、充斥著權力網絡所滲透的公共空間，藝術作品的意義維繫在與環境及社會脈絡的相對關係中，並非絕對如美術館牆內保護與保證的美學空間。相較於美術館／畫廊機制內的作品，開放在美術館之外的社會空間當然有著不同的美學議程以及特殊的提問方式。

　　「景緻化」（Landscaping）其實是一套視覺機器，具備著微型空間化的觀看機制，同時也把觀看主體置換於可視的畫面中，看（eye）與凝視（gaze）是兩種收容畫面的態式，[10]在拉崗的概念中此兩者是形成觀看機制的拉距：凝視捕捉主體，而主體釋放「看」；凝視從客體（他者）而來，看發生在主體身上，畫面在這種對峙的狀態中於屏幕中成像。這種視覺機制毋寧是個交互主體的網絡，而非單向的呈現。表演場域的概念在於如何構成畫面，這從視覺的機制開始其空間化的認知圖誌，因此當空間與場域成為藝術工作者的展演策略時，當代藝術工作者所處理的是場域問題，其開放對象是多元而複雜的社會、政治、文化等公共閱讀脈絡，藝術家及策展人所面臨的是如何將其美學姿態成為微型政治的理念，在如此定義下，藝術是一種文化的社會行動，它將框架於開放而擴展中的在地

---

[10] 凝視的趨力是欲望。在 60 年代，拉崗設定其為慾望的驅力。他開始設計了凝視的理論，在拉崗的定義，凝視本身為反客為主的觀看方式，換言之，因而凝視反而是從他者所散出視覺，這一方面是拉崗視覺唯覺論的概念，與鏡像時期理論有著平行的觀點，而在每一個畫面中，看的對象中就內含著主體的存在。另一方面，也將看與凝視作為一種主體與主體間的的交互網路（constellation）。Jacques Lacan, *The Four Fundamental Concepts of Psychoanalysis,* Alan Sherdian, trans. (New York: Norton and Co., 1973) 67-69.

社會文化脈絡之中，同時也開展了一個文化（藝術）自主性的空間。如此美學提問的方式將會是一個倫理學的命題--意即，藝術是做「對」的事，與「美」也許無關。

　　拉崗（Lacan）的鏡像理論主體論，有助於說明藝術的主體在複雜的現實面間形構其本身的意義，他所著重的主體性是處於拉扯在破碎現實殘像與鏡中美好全像之間的狀態，而其狀態是一種緊張的張力狀態（agressivity），說明了主體形成的概念在不同空間中轉換其概念，拉崗所要說明的是主體並非從鏡中影像確認其主體性，進而建立主體確定性的個體，而是一個交互的網絡；在這種意義下，自我（主體）的概念在撕裂間逐漸形成。換言之，主體必須處于兩方對峙的狀態中產生，進而知會主體與他者的位置。同樣的，藝術的自主性必須從對峙中展開，它所呈現的美學樣態是框架于社會現實所編碼的政治邏輯。從這個概念出發，我們也許能在形式（Krauss）與整體文化（Jameson）的藝術場域理論中，試圖再走出另外一個有關當代藝術的實踐方式。同時也以其修辭策略開展該展演場政、經、文化的權力部署(deployment)藍圖；但其開展議論的方式並非是外顯的教誨及說明，而是憑介其內蘊邏輯與社會脈絡的一種激進的脈絡化，展出的作品框架展演場所，因為社、經、文化等交織的網絡，其所開展的是一個多元閱讀社區以及具有差異性的場域，如此的展演不可能不與市民社會的價值有所衝撞，也不可能乖順或陳服於市民社會的邏輯之中。藝術作品與其展演場所是息息相關的，而非獨立於場所之外；那麼藝術作品的意義，則不可避免從該場域的政經文化狀態中開展，這同時也是一種空間化的圖誌，不是經過編排的作品的邏輯，是某種將社會文化脈絡作為一個演出（acting out）的場景[11]；在這種情形下，作品開始成為一個表演的場所。

　　Serra 在紐約市政府前設立的極限作品《Titled Arc》便是一個相當耐人尋味「特定場域」的例子，因為其作品所呈現的物理性成為社會另一階層與警察社會對立的場景。透過這個作品及其相關的

---

[11] acting out 的概念，有著比表演與作用兩種意義。其立意在於自覺或非自覺（強制）的表演。在精神分析的概念中，act out 如同言談（speech），是主體給予他者密碼化的訊息。參考 Dylan Evans, *Dictionary of Lacanian Psychoanalysis* (New York: Routlege, 1996)2.

事件：藝術作品的界限、作品真實性（authenticity）、作者權、社會治安等圍繞於作品周遭的議題開始成為其作品的一部份。而這個作品「回溯」（retroactively）完成了脈絡化的行為。雖然在場的社會文化脈絡並不在於因作品暴露其邏輯（因為原本的脈絡就已經存在），而是藉由空間圖誌被置入介於憶起（remembering）和重複（repeating）的空間：藉此，我們把過去帶到當下。

　　這種展演空間的場域特性可以在一種疊合空間屬性中看待。北投乒乓藝術工作站策劃展出了對街鐵窗行老闆劉長盛的鐵雕作品。在展場外的玻璃門上貼著「盛發鐵窗行」的字樣，隔著中央北路熙攘的車潮對應對面一模一樣的招牌，店中是劉長盛三十年的工作場所。工作之餘，劉先生自發利用手邊的素材以及他工作的技術開始鐵雕創作，包括一些抽象幾合造型的雕塑、如風車般的動力雕塑、利用監視器的影像裝置產生即時性的互動作品等。這些強調造型的作品有著許多素人藝術家的手法，像是切割線及焊接點的處理，然而這僅僅是展覽其中之一的面向，因為這些雕塑造型及材質上的創作畢竟已於過去藝術發展的進程中發生過，而利用如此方式思考藝術，毋寧是一種簡化藝術問題的形式思辨。要能夠進入這個展演脈絡，更為重要的是思考這位創作者本身的定位以及這個展演空間所處的環境；換句話說，我們必須對這個展演作一種現象學還原的思辨。

　　透過這個展覽，呈現業餘創作者具有勞動者及創作者的雙重身份：一方面是一位基進的藝術愛好者，在沒有學院訓練下，工作之餘開始創作，並與大部分的專業藝術家一樣思考造型與形式的意義，並且在這些創作上展露有如一種尚未進入藝術場域的勞動成果。因此在這個展覽中，將所謂「藝術專業」的概念置放在一個模糊的調度狀態。這個弔詭的呈現可以在互為鏡像展演場所的處理—「盛發鐵窗行」的呈現中觀察到，一方面是具有社會性的職業場所，另一方面，對街的藝術空間裡呈現一個再現藝術的專業場所，這是一個藝術「專業與愛好者」並置的場景，也是一個重新經由展演方式，將生產藝術權威性的重新分配，如同波杜爾對藝術規則「輸者反贏」(Loser's win)的觀察。

　　以「作者權讓渡」看待展演事件作為一種再轉換的觀念藝術作品，不但是一種對當代「藝術」的再究，更在此藝術行為裡，另類揭櫫乒乓作為一個替代空間的自身反照觀察。乒乓與盛發鐵窗行僅隔街相望，鐵窗行開業數十載，經營有成；而乒乓作為此社區唯一的藝術替代空間，成立數年卻在鄰里之間依舊乏人問津，儼然是鄰居為了要到隔壁的廚餘收集中心，才會剛好經過的一幢白盒子。此展將盛發鐵窗行的招牌貼字放在乒乓展廳外牆，如此特定場域的裝置，形成一個猶如與真實世界相逼對望的鏡像：一方面透過直接展示劉長盛的「作品」來緊緊叩問何謂當代藝術；而另一方面，乒乓亦自曝焦慮，透過此對視與挪移的經歷，來重拓鄰里社區間公共關係，或也同時對於藝術空間之於社區的功能與想像，提出對於「藝術與非藝術」更大的問號。高達（Godard）的名言：「以色列的故事以史詩形式傳述的，可是巴勒斯坦的故事是用紀錄片的形式」。這裡意味著虛構以及虛擬是編制神話的特別方式，同時也是一種象徵資本的特權顯現；相反的，在劣勢者的故事中只能以事實來顯示，這正是一種貧窮者的策略，經由重複而單調的方式呈現現實、見證現實。同樣的這種概念也在巴特的神話學中，告訴我們神話在右派及左派的區分，可是事實上，所有藝術都在企圖動搖這種分配藝術形式的方式，在寫實與虛構間呈現它特意模糊的地帶，讓記錄與史詩共時存在。而這裡端賴一種創新的展演形式，讓藝術的他者成為可被再現的形式，這是讓藝術在藝術之外行進，只有在一個反觀脈絡才能清晰顯現的道路。

論述與展演實踐

　　「純粹」的藝術評論本身是一種不可能的寫作，因為藝術評論是一個奇特的綜合體：「藝術」與「評論」，一方面它必須從經歷藝術或美學經驗出發；另一方面它又是一種不純粹的文字寫作，它必須本於一種藝術經驗。換言之，一種穿越「視覺語言」與「文字語言」不可轉譯的語言體之上。這種雙重的語言狀態更顯示藝術評論整體（entity）的不可能性，從這種不可能性出發的藝術評論實際上形成一個與藝術品的平行／寄生（para－）論述空間，換言之，這是一個在本質上與藝術品不交集，卻又依存在來自實證的美感經驗與事件上。另一方面，藝術評論作為一個學科（subject）的不可能，在於其學理背景在學院知識中從哲學、美學、文學理論、社會學、文化研究等其他學科開始的學科，或者說作為學科的藝術評論是一種穿越在其他學科的綜合詮釋，換言之，藝術評論本身的「純粹性」就是一種不可能。這種不可能的關係同樣可以思考藝術評論在學院學科中的邊緣位置：在學院學科的安排中，藝術評論相對於美學、文化研究、哲學、社會學等是一個邊緣科目，思考其知識生產以及科目內容，可以知道藝術評論在學院的知識通常被認為是應用與結果，並非一般學科的本體，可以說藝術評論在知識生產中是一種附件關係，如前述平行／寄生的拓撲關係中，可以說藝術評論在學院中往往被「美學化」、「哲學化」或「文化研究化」，成為「抽象理論」的具體化與示範的對像、物件與客體的，這是藝術評論作為學科／主體／主題本身的不可能所開啓的關係。

　　從這種主題生產關係的不可能開始，我們看到從 Denis Diderot、Charles Baudelaire 延續到 20 世紀初的 Clement Greenberg 一直到十月雜誌的評論，如 Rosalind Krauss、 Benjamin H. D. Buchloh 以及 Arthur Danto 等從事藝術評論志業的共同性及差異，在這個幾乎 160 年的發展過程中，我們思考藝術評論的典型改變，同時也考慮從其知識生產的拓撲關係上明顯地察覺藝術在學院知識生產中，以及藝評與相關媒體（報紙、雜誌、學術季刊、展覽畫冊等）間的位置及軌跡，我們可以知道的是在 1970 年代中開始著重藝術評論書寫者的位置與學院學者的重疊，這是藝評本身的學院化標記， 同時也開始其媒體化的時代。同時我們也觀察到其與藝術史的關聯，可以說，對於藝術理論的認知是一種「藝術史」的歷史主義（historicism），換言之，一種放置在起源學概念的藝術研究。但隨著在 1990 年代後，約略等同與後現代主義終結，而藝術生產方式的改變，藝評人與策展人的位置上重疊又歷經了另一個改變，也許是一種歷史的巧合與偶然，但是更為重要的是作品論述空間的機制改變，同時也反應出藝評人與策展人的兩種身分在當代的合一。雖然藝術評論與策展論述兩者均生產作品的意義，但書寫策略並不相同，後者透過一種表現性的語義方式呈現（這個藝術價值同時也是發生中的展覽），但前者未必是有著如此的表演關係，而兩者在當代的交集標示出當代藝術評論的模糊邊界，同時也反應藝術於當代的生產方式及知識差異。

　　處於藝術評論在學科及主題的轉折脈絡下，台灣對藝術評論在 1980－90 年代進入藝術全球化的知識生產關係中，換言之，這裡反應出知識生產遲滯狀態，一方面反應其「知識庫存」（stock of knowledge）的差異性、學院知識生產的位置，同時也反應台灣藝術評論狹隘化的資源與市場中一個未形成的藝術評論專業場域。尤其在藝評所刊載的媒體，除了少數的藝術雜誌之外，並沒有其他的平台，其資源也是非常有限；而對應學院知識的生產，有關藝術理論（直接與藝評相關）的學院學科仍是以藝術史為主，換言之，藝術理論在台灣藝術學院化的 1980 年代到 1990 年代初的過程中作為一個學科，其實一直處於被學院知識體系排擠的情境之下； 其所反應出的藝術寫作是以藝術史作為藝術評論的基礎，或者以台灣學科中一直使用的德文字眼「藝術學」（Kunstwissenschaft）作為藝術理論、美學等的指稱，實際上反應出藝術評論的相關主題及其在學院作為專業知識等級制及邊緣現象。而在媒體的藝術雜誌所登載的「藝術評論」 是以報導與少部分反應藝術史訓練的論述為主。這種以藝術史的養成訓練作為評論基礎的情形，一直到 1990 年代末隨著一些歐美留學研究藝術理論者歸國後，才開始顯示從「藝術理論」學科出發的「專業」藝術評論契機。同時也必須注意這也是「藝術評論」在歐美學院中「人文社會科學化」之後，在跨國間的知識傳播。一直到 2000 年之後，台灣才有藝術理論的相關科系（國立台北教育大學、台南藝術大學、台北藝術大學等）的成立； 這並非是歷史的偶然，而是藝術評論的知識生產在台灣學院化開始，另一方面，藝術評論作為一個專業其實一直在「專業化」的邊緣門檻之外，正在於其資源並不足以支撐一個專業。且更需要指出的是

「藝術評論」在 2000 年之後隨著策展與評論逐漸重疊的危機狀態中，又開始朝向另一種專業化與學院化的不可能。

　　台灣當代藝術從 1990 年代「國際化與在地化」的想像中逐漸發展成目前通稱為「當代」狀態，其中歷經一些相關藝術文化議題，如後殖民、媒體、展演機制、主體論述等，泛稱為「後現代之後」的討論。　這些包含在九零年代之後的藝術文化發展，也是「當代台灣藝術」作為一個客體框架所在。　換言之，「台灣性」與「當代性」的代表性／再現性，這些發展在文化標籤化（cultural labeling）的主體宣稱或是風格化指認之外更顯重要（而從這個線索思考在過去的「本土化」的討論，不正是有個「藝術史」風格方法論的精神隱含於文化主體論述中，因為它顯示主體化（subjetivized）的過程及網絡，　這意義網絡從來不是一個「是或不是」的宣稱修辭語境，不是利用「判準」作為評論的基礎，而是一個由顯示「為何」及「如何」所形成的詮釋網絡。因此也顯示出這十年中台灣「本土化後」的論壇：一個由「（非）國家性」、「（非）政治性」對當代的「台灣藝術」思考，而這不僅在於藝術知識的生產，同時也反映在當代藝術實踐之中，換言之，反映出這十年來台灣當代藝術所產出的「論述行動空間」（discursive space），一種由藝術評論與藝術作品的意義生產，也是藝評作為一種藝術專業透過媒體、透過職業描述的「作品」與「展演」所營造的對話意義。

　　一個從「作品」出發的詮釋網絡，從這個起點反應出藝術評論本格而古典的書寫策略：企圖從美學／感知經驗與事件出發；而不是一種從論述文化、社會現象、或哲學運動作為開始的理論化挪用。這是對應在台灣學院論述中的藝術評論往往將藝術「美學化」（aestheticized）、「哲學化」（philosophized）或甚至「文化研究化」的過程，將藝術作品成為理論的示範／證明（demonstration），同時也陷入一種理論與藝術經驗的知識論危機（例如：我們可以「哲學化」藝術，但是不需要「哲學」思維藝術）；或甚至是一種學術「黑話」（jargon）及「山頭」（Name dropping）的挪用。精神分析、詮釋學、哲學以及批判理論等的參考坐標是形成一個從作品／展演美學經驗而出發的詮釋性演繹，也是標示在地知識庫存中的論述空間。換言之，寫作建築在實證詮釋基礎上的藝術作品主題調查原則，只是這個作品的主題是一個在作品中所呈現的客體：「他者」，

「一個再現在作品裡或與之關聯的對象」，也就是說，詮釋的向度是是一種標示在作品中的「他者」，而不是作品的「創作者」。換言之，在於一個隨著「他者」呈現的詮釋臨界問題，同時也是一個作品的邊界問題。 一個同時試探作品與詮釋可能與不可能的邊界，也只有在這個定義下互主體的概念，才能作為作品的主體化論述，而非僅是符合表面定義的「主、客交融」的互主體，這是一個從主體／題的「之間」（in-between-ness）與「之外」 (without-ness) 所展開的網絡，也就是一種在括號內思考括號之外的不可能關係。作品的互主體／主體是建立在一個移動的「詮釋水平線」（interpretative horizon）之上，而這個水平的消逝點被定義為一個語言、法律先決者，屬於「象徵次序的大他者」，然而不同於設定一個馬克思詮釋學所定義的「不可超越」（untranscendentable）的「詮釋水平線」。將歷史社會機制鬥爭放置在懸置狀態的政治消逝點，一個可以被逾越的對象，類似於在拉岡精神分析中均可被杠掉的「主體」以及「大他者」，於此藝評的寫作鋪陳作品的互主體狀態： 自我、大他者、小他者、及欲望主體，作為藝術作品的詮釋架構，同時也在試探詮釋方法的極限。

而拉岡式的精神分析術語並不是反應出「精神分析正典」（psychoanalytical proper），而是反應出一個「精神分析主體」（ psychoanalytical suject ）的方法，那就是一種將主體／主題作為為一種議論的辨證存在，拉岡改變笛卡爾的「我思於我不在之處」或「我不住於我思」的說法顯現「主體化他者」（subjectify the otherness ）的互主體的狀態； 或者從拉康版本的佛洛伊德名言：「當『我』成為『它』在 」（Wo Es war, soll Ich werden. ），是將「自我」來到一種被外界統攝力量， 因為他者作為欲望與語言的論述，而讓自我成為「它欲」與「它說」。這種內猶外／近又遠／前而後的巴羅米結的關係，可以在拉岡文字遊戲如「外親」（ex－timacy）、「 存在」（ex－istent）」等呈現這種「不可能」的關係。 通過一種作品的顛倒／移轉／象徵／再現／分離／退行之不可能的真實關係，重新定義「拉岡行家」（Lacanian connoisseurs）已熟知的大他者、小他者、主體等概念以建立其議點（polemic），進行思考藝術的途徑作為一個從作品的內部開顯其外部（社會機制、文化、歷史等水平線），一種作為「藝術家並不在於作品之處」的詮釋以及「藝術的對話對象在其外部」，因而在這些分析拓撲如「L 圖式」

的展開一種框架在大、小他者及主體互主體的對話，同時也是一種去主題化的主體。

　　而在這個終點上標示著分析作為一種解放與顛覆路線的可能。如拉岡對分析者的出現提出的分析者本身就是主體的一環，同時也否定了主體本身。這個路線所標示的是「精神分析」本身是拒絕「完全主宰」（total domination）之法，這也是拉岡在試圖建立分析者、主人、大學及歇斯底里四種互主體關係時（意味著，論述本身建築在語言之上的社會關係），「分析者論述」正相反於「主人論述」的原因，正因為分析師並非如主人挪用了下人的工作成果，而生產了尊嚴（小物件 a），分析者的知識來自於被分析者，然而這些整個過程中分析者就是在分析過程中的小他者。這個小他的位置是一種「代理」（agent）的位置，不同於大學論述將知識作為小他而產生知識主體，以及在歇斯底里論述中將小他作為主體的真理，一種幻見關係的相反—。

　　因而，分析師呈現自身的兩種不同身分： 一個是為被分析者的移轉（transference） 對象，最終目的在於讓被分析者瞭解分析者也正是「主體之因」（the cause of subject）。另一種是頓挫主體的想像的誤／悟認，並指引其象徵次序的法律，而最終的目的在於瞭解象徵次序本身是一個不連貫的失敗，一種呈現聯繫從真實次序框架象徵次序的「象徵成效」（symbolic efficacy）的策略 ，讓這種「不可能」的吊詭關係也同樣被紀傑克（Slavoj Zizek）指出：「（分析師論述）試圖從其論述網絡所逃出的元素開始縫合的論述，就是那些『掉』出來的，生產為自己的『排除物』。」分析師的真理來自於主體所提出的知識，也就是說，一種最為明顯來自外部的「主體料知（sujet supposé savoir）」，如同紀傑克所表明的「就在那裡」（it is out there）。」

策展主體：當代展演實踐

第一章 主題與主體

第二章　雙年展作為當代展演

　　當代藝術發展眾多的展演機制包含美術館、畫廊及學院等面向，其中大型國際性展演是從 20 世紀至今藝術機制中最為特殊的。90 年代平行於當代藝術的雙年展，開始發展出迴異於以往 80 年代後現代風格的藝術與展演之生產關係：「後現代藝術」從理論與實踐的整合中發生，各別畫廊的發表及藝術媒體和學院論述是這波藝術運動推波助瀾的原因。相較於經由 80 年代畫廊/美術館體系的展演方式，從 90 年代作品的產生方式與雙年展本身及策展人之間的共構意義是思考當代藝術主題(subject)與樣態(gesture)不可缺少的線索。雖然在過去大型國際性平台展演（如威尼斯雙年展、聖保羅雙年展、文件展等）已經存在，無可否認從 90 年代開始，世界各地的雙年展興起並扮演著更為活躍的角色，「當代藝術」作為一個特定的藝術名詞（terminology）更在這些雙年展中成為一般慣用語彙。思考「當代藝術」作一個概念的指稱，不但有著擺脫現代到後現代之間的辯論及隱含的順序意義，同時也指向在全球多發共生的藝術現象。這種多發性且不限於一定時空的特性正是雙年展作為當代藝術平台所展現的「世界體系」（world system），雙年展之於當代藝術扮演著推動及整合其美學議題的平台。

　　與雙年展風潮及當代藝術平行發展的是越演越烈的「全球化」現象。在全球化過程中，整個世界政治、經濟、軍事、社會等面向都呈現邁向地理及其象徵意義的同質化(homology)過程。雙年展的機制本身就是一種全球化的文化同質性顯現。每一個雙年展均可視為一種在地全球化(glocalized)的表現；換言之，90 年代的雙年展開始產生了當代藝術發展中疆界化與再疆界化(re and de-territorialization)的發展樣態，這種生產網絡的重新脈絡化，可視為一種在地的藝術生產與國際的結接，在地藝術家、國際藝術家、策展人皆透過雙年展的平台開始聯結為網絡，作品的樣態也因為策展的主題及展演方式而改變。從這種無國界當代藝術的趨同性中思考其文化政治的發展方式，我們可觀察出從 90 年代後開始產生的雙年展，例如：光州（1992）到台北（1998）再到古巴（1998）等地的雙年展，這些新興的國際大型展演不但有脈絡地使得在地藝術生產於整個國際藝術的發展情勢，同時也是將國際藝術脈絡發展於在地的藝術中。這種連接不只限於藝術家與策展人的展演資歷提昇，更值得點出的是雙年展聯繫著當下當代藝術的議題、展演方式及作品語意的開展。換言之，雙年展的「議題性」（topicality）開始邁向一個更為同質的議程（agenda），在雙年展的議題之間有辯論空間可作為展覽語意（semantics）的延伸。雖然各地雙年展之間並沒有一個固定的機制，但浮現在其共同的議題性、藝術風格與內容、展演語境、藝術觸媒的位置等，成為一個可辨識的對象。此外，雙年展從 90 年代至今不到 20 年的迅速膨脹過程中，更可以觀察到雙年展本身逐漸邁向一個同質化的「文化場域」（field）運作，並有著一定的發展軌跡（trajectory），如此這些外在的操作反應於內在的作品樣態中，成為當代藝術的重要線索。

雙年展機制的發展幾乎沒有例外，皆以「城市」作命題的概念。城市意象及再生是早在威尼斯雙年展以世界博覽會作為原型的展演樣態，每一個雙年展可以說是地方性政府都會著重於社區發展及觀光等文化、政治、經濟策略的綜合。而策展單位必須與都會空間的結合更是在雙年展展演場地的選定及開發上占有重要的成因。因而，雙年展展演單位往往與當地政府結合，並因應其特殊地方性、公部門、都會發展及國際的聯結差異性等，發展不同的展演樣態。同時雙年展的「平行展演」（parallel event）更結合了在地藝術組織的生態，如另類展演空間、藝文及社區團體等形成「會外展」的方式。思考這個以城市作為開展作品的展演脈絡，「在地性」（locality）的美學樣態會在特定場域中展現其差異的政治、文化、經濟現實。在這個現實基礎的文化政治，意即在地文化主體如何再現其自身及他者，如何定位主體之兩面樣態，這是一個文化轉譯的呈現：一方面，把傳統及歷史翻轉為現在及當下；另一方面，把在地現實作為一種知曉他者的狀態。在地性是各地雙年展作為一個國際平台，讓特定的文化如何觀看（與被觀看）的政治與倫理提問。

思考文化地理、雙年展的機制性、都市發展等主導雙年展的發展因素，從最早的威尼斯雙年展到現在總數 300 多個雙年展中，我們可以將「雙年展現象」的運動性劃分為下列四個階段。這種運動性的考量不僅標識著雙年展為兩年周期重覆發生的展演活動，同時也包含 90 年代在亞洲、非洲、澳洲等地共發的蓬勃現象，更為重要的是當代藝術在 90 年代後，因為藝術及文化的全球化邏輯，與雙年展產生更為緊密的聯結性。這四個階段如下：以威尼斯為代表的第一波雙年展屬於草創階段的設置，其展演語彙與萬國博覽會重疊。第二波包含著 50 年代聖保羅雙年展與雪梨雙年展，開始在歐美之外的國家發展的雙年展，企圖聯結在地與歐美藝術場域，其展演是一種文化政治的表態。第三波的雙年展從 90 年代開始，如光州、台北及柏林等地的雙年展，這些雙年展處於越演越烈的全球化政治、經濟邏輯，不但標識城市的文化地理位置，同時更著重在地藝術生產與全球生產的聯繫，全球在地化的傾向也是最為明顯的。「雙年展藝術」（Biennial Art）成為一種可辨認的風格。第四波的雙年展運動是在最近的五年間，包含莫斯科及雅典等，在此階段中，展演技術的改變以及通訊的便捷性使得雙年展的發展有如在全球化現象中所形容的「扁平世界」（flat world）一般，不僅各地區加入雙年展的遊戲規則，有一種「隨插即用」（plug-in and play）的情況；另一方面，在文化地緣位置的改變使得過去的中心、邊陲相關性變得更為薄弱，中國的崛起正是一個最好的例子。連繫著最近發展的一個重要現象是雙年展之間的結盟，如「大環遊」（Grand Tour）為文件展、威尼斯雙年展、敏思特雕塑展與巴賽爾藝術博覽會、以及伊斯坦堡雙年展、里昂雙年展與雅典雙年展結盟的 「三雙年」（Tres-Bienn）、到雪梨、光州、新加坡、上海與橫濱所結合的「2008 藝術羅盤計劃」（Art Compass 2008）等。這些雙年展的機制合縱關係是當前逐漸成形跨國雙年展機制化所浮現的現象。雙年展在目前的發展是以「區域政治」（regional　politics）為主的開展模式，這是現今藝術開始從「國界」轉向為「地區」作為框架的契機。

　　「雙年展」是一個定時循環的藝術現象呈現與生產。縱觀在全球各地的雙年展，在地方政治、都會發展及文化經濟之間，整合在地與區域，以及全球藝術發展的文化生產是雙年展作為展演「基底」（infrastructure）的呈現，意即雙年展的生產關係，也是雙年展機制的發展軌跡與位置。在這個生產關係基礎上所發展的展覽議題，也就是其策展論述位置與作品語境的呈現，這種從機制、策展、作品所呈現的「互文性」（intertextuality）不但可視為一種在地性（實質與抽象空間）的再現，也是認同與文化再現的問題，換言之，這牽涉了自我與他者如何互相觀看以及文化自我又如何看待自身的問題；另一方面，在生產基礎上形成出展覽間的共同性及其當代藝術的議程，也就是當代藝術如何表現於差異的政治與社會是藝術「當代性」（contemporaneity）的體現。雙年展發展自 90 年代以來，其議題脈絡性以「全球化」論述及其所蘊含的政治與文化概念轉換為各式各樣的策展理念及作品樣態，如近 15 年來的 3 屆文件展、10 年來的 5 屆台北雙年展、以及伊斯坦堡雙年展等不甚枚舉的例子。之間所顯現「批判藝術」（critical art）的樣態區分及向度，正是我們觀察雙年展所引領的當代藝術風潮中「當代性」的表現方式。

試想在威尼斯雙年展之中，我們如何移動身體漫遊於各個國家館的經驗，便可了解我們如何透過雙年展在極短的空間距離內經歷與想像著「世界」文化的精華。如果威尼斯雙年展是這種「平面式」雙年展的代表，與之相對的便是 1950 年代興起的聖保羅雙年展，所有的作品及展覽都是在一個建築物裡發生。在這樣一個「載體式」的展覽空間中，我們所體驗的是一個遠比平面上所展開的，更為激烈的空間經驗，所有代表國家的藝術以一種更為保護、更容易承載的方式呈現，所有的文化及藝術在白盒子中羅列有序，象徵著在一塵不染的實驗室裡提煉出的精華感。在這樣的空間中，我們的身體經驗著一個微型化的地球村：世界變小了，文化以它最精髓的藝術呈現出來。據此，雙年展的身體經驗與空間隱喻，實為一個壓縮及精華版本的世界想像模式。如同 20 世紀開始蔚為流行的世界博覽會一樣，身體位置的些微變化使文化間的距離感消失，我們可以說，這是一個想像世界縮小的過程，而觀者身體所開放的，卻是種象徵意義的巨大化。不管是「平面式」或是「載體式」的雙年展，皆為文化空間急遽並置下所呈現出的一種文化混雜狀態，其空間態勢為一個個混雜的「非地方」（non-place）。因為它的時間與空間配置是沒有任何的參考點。

在當代性、城市發展、文化政治面相、雙年展本身的歷史及階段演變等的認識基礎上，我們可以用一個更為細緻觀察，將過去幾年所發生的雙年展作一個抽樣回顧，並省思當代展演的文本如何可能開展的方式，又如何將各個雙年展放在同一個平台上，作為一個差異性閱讀的可能。這是一個思考當代「藝術知識」如何生產的問題，　同時也以當代藝術作為研究對象時的必要考量，以知會我們身處的全球化與文化在現今所呈現的複雜面向。

第 52 屆威尼斯雙年展

　　威尼斯雙年展至今已超過 110 年，堪為歷史最為悠久的雙年展，其設立的結構與定位即在呈現萬國博覽會式的國際藝術版圖，除了當初在展場綠園城堡內所設立的國家館外，也隨著雙年展所遍及的國際影響力與全球化的影響，和威尼斯文化局所大力推動文化觀光政策的推波助瀾，各個正式受邀成立或是獨立製作的國家館遍佈全城，甚及本島以外的小島上，而威尼斯儼然成為一個雙年展之城－在當代藝術、建築、電影等領域不斷促生的各種展演活動中，威尼斯為全球當代視覺文化搭架舞台。此屆在策展人 Robert Storr 的邀請下，又在展場軍火庫多設立了一個區域性的非洲館和土耳其國家館，企圖框架一個囊跨五大洲的無國界視野，而整體參與威尼斯雙年展的國家則破記錄地高達 76 國。然而，威尼斯雙年展的結構也相對形成一個帶有國家主義基調的思辯，讓國家館在面對與思考各自文化體系的代表性時，充滿詭譎的意識形態空間，例如西班牙館在前兩屆只開放給擁有西班牙護照的人進入參觀，而今年的荷蘭館以《公民與主體：以荷蘭為例》（ Citizens and Subjects: The Netherlands, for Example ）來討論移民的權力與相關社會問題。反觀台灣館近幾屆的策展主題《自由的幻象》（ The Spectre of Freedom）、《非域之境》（ Atopia ），也指涉地方政治的狀態。這種區域性或國家性的文化定位在威尼斯的模式之中，或許成為我們再度思考全球化在各處的發生張力與內化線索。

　　此屆威尼斯雙年展的主題展《感官思考，　心智感覺，　藝術現在式》（ *Think with the Senses. Feel with the Mind. Art in the Present Tense*），在首次由美國策展人的主導下，即使在主題開放可容百川的前提中，仍保持了相當高的政策敏感度，充分顯現出一種保守自由主義政治立場，煩舉軍火庫內的多件展品，像是入口處 Charles Gaines 的《空難時鐘》（ Airplane Crash Clock ）以 911 事件作為符號式的影像、Tomer Ganihar 的《醫院派對》（ Hospital Party ）裝置將假人身上插滿急救管線、Paolo Canevari 以小孩踢骷顱頭當足球的錄像作品《彈跳的頭顱》（ Bouncing Skull ）、Pavel Wolberg 作品 Jenin 跟在戰車後面的難民景象等都企圖反應全球性的政治氛圍。另外值得一提的是 Robert Storr 也相對在這屆雙年展中，帶入多位美國 60、70 年代的重要藝術家，Nancy Spero、Lawrence Weiner、Sol LeWitt、Fred

Sandback、Robert Ryman、Ellsworth Kelly、Jenny Holzer 等，形成一個回顧系列。

　　首屆成立的非洲館由 Fernando Alvim 與 Simon Njami 所共同策劃，以相當多元的視角展出 30 位頗具知名度的藝術家作品，藝術家除了有來自非洲地區的當地藝術家之外，也包含多位非裔的美洲、歐洲移民藝術家，像是 Loulou Cherinet、DJ Spooky 等，或沒有種族淵源的藝術家像是 Andy Warhol，呈現出多重軸線，編織出各種現實的、遙想的、虛構他者化的當代非洲意象。而這次歷史將不被代書，展覽的語彙、作品的操作與技術、議題與故事的敘事中可發覺，非洲其實大於我們所預設的非洲，非洲館雖甫成立，然威尼斯雙年展在此扮演的角色早已不是為其接脈世界的窗口，而更貼近的是成為一種匯聚區域性文化政治力量的平台。

第 12 屆文件展

　　在所有的大型展演中，文件展有其指標性地位，從 1955 年文件展之一直是卡賽爾市政府所主辦，卡賽爾因為城市的重建，移置部分重建基金讓首屆的文件展可行，並讓卡賽爾贏得「文件之城」(documenta city)的封號。這次展覽《文件展 12》是由 Roger Buergel 與 Noack Buergel 策展，雖然沒有任何整體主題的命名，但仍以三個基調「現代性」、「赤裸人生」（bare life）、「教育」作為展覽語義開展的方式。雖然這種命名「缺席」的方式可以視為對大型雙年展命題方式的一種反動，但「未完成的現代性」與 「赤裸人生」一直是各大展覽中主要的策展基調（例如前兩屆的文件展），這是以文化研究的提綱進行與當代藝術連接的慣常方式。

　　「現代性」與「赤裸人生」強調在展覽語義中，策展人利用相當細緻的方式呈現作品並置的關係，例如在 Neue Gallery 中 James Coleman 的作品《 再拍攝證據》（*Retake with Evidence*）， 從希臘古典悲劇《依底帕斯王》結尾時的獨白戲， 拉開整個展場的序曲；將曾御欽作品中的音樂當成整個展場的背景音樂，並與 Mary Kelly 女性主義的作品互相應答。以文化處境的處理方式來表達許多作品所潛藏的政治性概念，例如 Sanja Ivekovic 在當時的狄托總統參訪貝爾格勒之時附近的公寓陽台手淫（作為一種另類的游行慶賀？）；呈現最後 Ivekovic 被公安人員逮捕的表演記錄。Ibon Aranberri 利用電影及照片記錄山川景色，隱喻巴斯克與西班牙對於國土的分別想像。如此政治性的提要貫串在不同文化間、共同的人類處境。

　　「教育」的部分有藝文雜誌、出版品的串聯，以及參與社區和學校結合的活動，不少藝術家利用卡賽爾當地的社會空間舉辦行動與表演藝術。例如艾未未基本上符合著策展人所倡導的「形式移渡」概念， 其作品《1001 個神話》讓 1001 個中國人到卡賽爾參觀展覽及旅遊，讓這個五年一次才有著外地人來到的小城，瞭解到自我與他者的分別，以及在內心中潛藏的「恐外癥」（xenophobia），總言之，艾未未的作品呈現一個藝術形式的「黃禍」。Allen Sekula 的作品則是使用大型看板拚貼文字，並置著工人肖像，書寫著：「我們將是姐妹（alle menschen werden schwestern）。」 並且配合當地的工人舉辦遊行，這是一種對於社會運動刻板印象的詰問。另外 Alice Creischer 和 Andreas Siekmann 兩位藝術家與當地青少年於當地購物中心舉辦的音樂會活動也是其中一例。在這次 100 天的文件展期中 ，幾乎每天都有各式動態活動以及電影節的放映，《文件展 12》有個回應並反省過去發生的文件展態勢，且反應出低調的處理方式，如新設立的 Aue Pavilion 展場就是一個最好的例子，策展人搭建了一個臨時建物，讓許多作品陳設其中。視覺的震驚不是《文件展 12》訴求的方向，而是這種低視覺化的展演策略，僅僅以色塊與視覺模式點出其關聯性。

　　文件展的參展對象是一個更均衡的藝術家名單，許多並非是大牌的藝術家，而更為有趣的是「非當代藝術」的作品也在其中。換言之，策展人企圖呈現一個另類的藝術史，明顯反映出《文件展 12》對於一個制式藝術起源論的抨擊。策展人以利雜化的文化觀點聯繫著現今的當代藝術發展，如最早 15 世紀的波斯繪畫、16 世紀的回教書寫、中亞的編織地毯、中國的器皿圖錄（如：「宋官窯大千有象硯」）及 19 世紀日本的線裝書，延伸到 20 世紀初 Grete Stern 及 Paul Klee，再到 19 世紀 Manet 的作品，以及 50 年代日本田中敦子（Tanaka Atsuko）的作品。Buergel 與 Noack 作了一個相當激進的藝術史書寫，經由將藝術作品視為一種文化物（cultural artifact），橫亙於這個大展中的世界歷史經緯，並聯繫當代藝術發展現狀。對應於這次文件展中精英式的政治、歷史、當代藝術脈絡的呈現，《文件展 12》展現利用政治語境、歷史書寫、形式移渡等策展策略下，呈現人類普遍性的文明災難，一個經由藝術書寫的殘酷歷史現實。

第 10 屆伊斯坦堡雙年展

　　伊斯坦堡雙年展 20 年的發展歷史與土耳其當代藝術的萌起與成長緊密扣連，作為全國當代藝術的火車頭，從引進國際策展人與藝術家的間接耕耘，伊斯坦堡的藝術社群藉由雙年展這個國際平台延展國際視野、銜承脈絡，而雙年展的展覽語彙、作品所關注的議題性、雙年展機制本身累進的技術與相關專業，也對當地藝文生態有莫大的教育意義：「我們都是從雙年展裡學習當代藝術。」今年雙年展系列活動《夜行者》（*Nightcomer*） 的多位當地年輕策展人都曾如此表示。而土耳其的藝術家也相當程度地藉著這個大展開拓國際能見度，在沒有成熟的美術館與藝術機構文化下的伊斯坦堡（伊斯坦堡現代美術館於 2004 年底才在私人贊助下成立，蓋讓提銀行所贊助的當代藝術中心於 2000 年成立），雙年展儼然是當地歷史最為悠久、影響所及最廣的一個藝術機制。然而其主張的「非西方主流」定位，也在企圖超越歐洲中心的同時，不斷自我製造出深具異國情調的文化身分與認同。

　　此屆於中國策展人侯瀚如的策劃下，設定了一個政治敏感度高的觀念性框架《不只可能，而且必要–全球戰爭年代下的樂觀主義》（*Not Only Possible, But Also Necessary: Optimism in the Age of Global War*），回應當地非西方文化裡的現代化過程與徵候，將當代藝術視為現代性的一項產出，以此為線索展開閱讀伊斯坦堡的都市問題、地理政治與全球化的在地徵候。展覽在此觀念性框架（根據策展論述，此標並非雙年展主題）下，分軸為四個主題展《燒了吧？》（*Burn It or Not?*）、《世界工廠》（*World Factory*）、《城市之間的城》（*Entre-Polis*）、《夢廬》（*Dream House*），在主展場阿特圖文化中心、IMÇ 織品貿易中心、港灣 3 號會庫分佈，這幾棟極具土耳其現代化過程的建物，也為展覽議題呼應出當下土耳其所遭逢各種社會快速變遷條件下的價值衝突，在當地也引發不少波瀾，像是辯論其利用阿特圖文化中心談論土耳其現代化的問題和挫折來隱喻對土耳其國父阿特圖的批判，以及選擇 IMÇ 織品貿易中心這個正面臨都市更新計畫拆遷問題的建物作為展場的倫理問題與社會介入等。

第二章　雙年展作為當代展演

　　五位當地平均年齡 30 歲左右的策展人策劃《夜行者》這個利用城市內各種公共空間為腹地的行動放映會，此合作平台非但拉緊與當地藝術社群的關係，又藉當地的年輕角度挖掘新鮮作品，其立意在活化都市空間，然整體雙年展與城市的空間利用卻流於表面，並沒有藉著展場的延伸而推出真正與市民互動層次更多的界面。再者，伊斯坦堡雙年展其實對當地所推出的標題為《藝術從未如此樂觀》（*Art Has Never Been So Optimistic*），偏離侯瀚如所原命題的文意，從這點也可以再看出主辦單位伊斯坦堡文化藝術基金會對於國際與當地文宣的雙重操作－對外尋求一個全球化下的政治姿態，對內採取節慶式的宣傳，間接顯露出土耳其一般民眾與菁英主義式的當代藝術距離（伊斯坦堡人口為一千七百萬，此屆雙年展總觀賞人次為九萬一千人次）。

第 1 屆雅典雙年展

雅典雙年展《毀滅雅典》（Destroy Athens）在當地三位年輕策展人 Poka-Yio、Xenia Kalpaktsoglou、 Augustine Zenakos 策劃之下，打入國際藝壇的聲勢強大，除了與里昂雙年展和伊斯坦堡呵成一氣地推出國際宣傳策略 Tres Bienn 之外，雙年展的生產結構更為繁複，包含了主題展、網路廣播電台、兩本書、畫冊、電影放映會、音樂會、研討會與其他議題呼應的小型主題展《如何承受》（*How to Endure*）、《雅典青年》（*Young Athenians*）等，而國際上的回應也頗為熱絡，在雙年展開幕前後還湧入大量的國際藝廊爭相為當地的藝術市場烘托氣氛。正如其欲加入國際文化產業的通絡出口之一，成為對話與合作平台的目的，第一屆的雅典雙年展即使在未獲政府大量支持、經費短缺的條件下，依舊成功聚焦目光，將雅典放置到國際藝術版圖的意圖明顯。

主題展以主導性的策展敘事為框架，六天毀滅雅典的故事成為六篇展覽章回，層次性的空間敘述手法、以雅典城為故事場景作為作品鋪陳的基調，讓這個主題展一反當今雙年展操作議題的方式，反添上幾絲文學性的戲劇感。然而，在這樣的操作手法下，這三位策展人所欲說的「故事」又透露多少今日雅典所臨對的現實與想像？若如策展論述所言，毀滅與重生的概念能被他者的觀看套落，展覽中的確不見一個內顯的、進行式的雅典，而是一個藉由他者勾喚一個古希臘文明的想像姿態，一個歷史性的、形式上的回魂與轉換，例如在參展藝術家的作品中可以看到這類運用古希臘文學、哲學、建築為素材或背景的創作，Bernhard Willhelm 和 Jutta Kraus 利用希臘傳統儀隊制服作為揭示性別與種族的討論，Stelios Faitakis 的作品即藉著象徵符號式的壁畫《飲毒芹的蘇格拉底》（*Socrates Drinks the Conium*）來轉喻表現雅典現代生活中暴力的陰暗面。

主題展的 57 位藝術家中，有 11 位來自希臘或目前居住於希臘的藝術家參與，也另外藉著當地藝術家的組織參與，設立了 artwaveradio.net 這個網路廣播電台，雙年展期內更有許多小型活動穿插，結合其它跨領域的藝術形式，如邀請詩人、文學家誦讀作品，串連雅典影展的資源來規劃電影放映會等。以不到一年的時間迅速舉辦首屆雙年展的條件下，其掌握整合當地藝文圈人脈與資源驚人的熟捻能力，甚是可觀，也可見新興雙年展在全球雙年展熱潮下所揀習到的一種規格化機制；從另一方面來說，可以觀察到即使希臘當代藝術發展貧寠，其內部對於大型藝術活動／基本國際發言位置的渴望與焦慮。

　　以城市雙年展操作都市更新計畫或是城市觀光都是常見的政治手段，在雅典首屆雙年展也可見到這個面向，選在城西由工業區改為科技中心的市郊地帶，展覽場地的選設也將雙年展參觀人潮帶到不同一般觀光路線的雅典城。當代藝術與後工業地區的並置是慣常的展覽語彙，也藉著藝文活動的介入將城市區域內的文化活動重新拼版，這即是多數當地媒體對首屆雙年展主題《毀滅雅典》抱持懷疑的態度。但是藉著城市之名來對這個城市作為一個外界想像的起點，也建立當地一個自省式的觀看，其不以特定議題操作（如2005 年伊斯坦堡雙年展主題即為《伊斯坦堡》）、假標訂地理位置在國際上取得發聲的姿態仍是展開建立其雙年展品牌的一個重要階段。

第 9 屆里昂雙年展

　　里昂雙年展是由里昂雙年展協會所主辦，著重城市本身的文化及城市本身的形象，主要分為表演藝術及視覺藝術隔年舉行，此屆視覺藝術展《未命名的年代歷史》（*The 00s–The History of a Decade That Has Not Yet Been Named*）在 Stéphanie Moisdon 與 Hans-Ulrich Obrist 的策劃下，設定一套簡單的遊戲規則，邀請 60 位策展人、藝評作為「玩家」（The Player），並讓玩家自行選擇足以代表過去十年歷史的藝術家參展，而雙年展即在這個合縱的策略下完成一部集體共筆史書。在解構雙年展操作模式的同時，策展人對雙年展的歷史性與地理性意義提出一個權力移轉性的實驗，也反身檢視藝術與展覽的形式問題，其中策展力（curatorship）的困頓與潛在空間。

　　雙年展所承載的歷史性在 Moisdon 和 Obrist 的概念下，藉由多元的再現形式和多樣主體性的通絡超越原系統建制者之意圖，而這個遊戲也僅在一舉完成之限中方為有效，透過這場遊戲的進行：枝展式的觀察策略以曝露當前星散且多元中心的知識累成，一個多重情節的集合狀態試圖以具有時間感的歷史性來取代一般命題性之未來完成式時態的論述。以地理版圖的方式來閱讀，本屆里昂雙年展雖欲藉多點的展場與跨國的雙年展結盟策略，呈現一個去中心化的群島（The Archipelago）概念，然組成這個遊戲超過半數的玩家以及參展藝術家仍來自歐洲，其中法國的參與者也約佔 10%以上。亦可言，這個不預設議題性的遊戲原本可能脫離的政治意識形態、文化身分議題等並未就此缺席，如伊朗策展人 Tirdad Zolghadr 邀請了 MUSEUM OF AMERICAN ART (UNITED STATES) 作為參展對象重新展出一個於 1955 年為推廣美國藝術在巴黎現代美術館開辦的展覽，來標繪美國藝術對於歐洲藝術的影響即是一例，說明了這個遊戲的合縱策略正凸顯出目前策展人國際網絡環扣、議題操作交叉頻密，這些對話的關係更具量化藝術「當代性」（contemporaneity）的一種結果，遊戲規則所反省的雙年展現象／策展操作卻恰如其意地舒張此象，里昂雙年展在這裡不只是一個雙年展，甚至接近六十個雙年展的群像（尤其展場牆面說明文字標示了藝術家與玩家的大展參與經歷），反詰近十年當代藝術的發展機制。

　　再從里昂雙年展自身的脈絡觀察，其四年前的主題 It Happened Tomorrow，兩年前由 Nicolas Bourriaud 與 Jérôme Sans 所策劃的 Experiencing Duration，我們也可見到里昂雙年展作為議題討論的平台銜續著「時間性」（temporarity）和「歷史性」這兩條線索，而不藉著策展人特定邀選的作品來討論議題，卻是本屆雙年展破局這個系列討論的策略，也是演繹此題的方式。幾個值得思考的向度因此而生：當代藝術作品的載體（不論是雙年展機制或是主題式展覽），議題的有效性是否反而框架當代藝術的生產傾向；雙年展在當代藝術中自為體制的歷史性意義；策展人角色在全球雙年展熱潮下所開發的形式問題也遠超越展示的範疇，然本屆的策展策略又如何改變與藝術觀眾的關係？這屆雙年展毋庸置疑地挑戰一般觀看展覽的慣性，觀者在這個遊戲的最後一線，透過每件不具連貫性的作品尋找其中零散、分裂的對話關係。

第 5 屆台北雙年展

　　對應著無數的雙年展中名實不符的策展策略，「（限制級）瑜珈」成功回應著台北雙年展將全球文化作為議程的趨勢，將文化作為當代藝術的前線，也模糊化了文化與藝術之間的界限，讓高與低文化重新排序。雖然這也是「非地方」雙年展的必然空間經驗，透過文化混雜的開放政治意義，　試圖區隔出台北雙年展作為一個文化品牌屬性的必要之惡。

　　「（限制級）瑜珈」使用了一個頗具爭議性的標題，在國際藝壇引起了一陣側目。相對於一般使用文化理論術語所策劃的雙年展標題，這個主題標示出一個更為生活化、在地化的日常生活文化的取樣。透過 35 位藝術家的作品，討論目前混雜文化空間的在場證明，這個展覽開始對應著雜化與混種的文化態勢，同時也延續近十年來的台北雙年展，特別是包含從「無法無天」（2000）到「世界劇場」（2002）、「在乎現實嗎？」（2004）對全球化議題各式各樣的提問。的確，在四屆的雙年展中，如果有一個具體的文化思維以及線索，不正是因應全球化態勢下的文化政治觀點？而這個呼之欲出的主題，也點出台灣近年來有關在地文化主體性懸欠的焦慮及迫切性，一方面回到了近六年來雙年展議題中全球化與文化的面向，是後殖民經驗的互主體文化政治關係之體現，另一方面也是近 20 年來全球化理論中術語的演練：文化作為「去疆域」與「再疆域」的空間、藝術與他者文化、文化的普偏性與特殊性、中介空間（之間）、第三空間等。值得點出的是霍米・巴巴（Homi　Bhabha）在《文化所在》（Location of　Culture）一書中所提出的「之間」及「第三空間」概念，並非僅僅是文化混雜的問題，而是強調：在文化混雜中隱含的政治取向，如何毀壞原本文化認知的代表與再現？的確，「文化非正港性」(Curtural inauthenticity) 在今天是我們的生活常態之一，包括台式日本料理、亞洲化的麥當勞、歐洲的風水學、茶道、中華花藝、台客嘻哈等，已是我們習以為常、見怪不怪的日常生活實踐，同時也創造了文化正港性在全球化框架的迷宮。重要的是，要如何在文化混雜中發現其「去威權」的態勢，而非殘喘的文化尊隆及自尊？

「瑜珈」作為一個當下全球化文化象徵的符號，一方面指涉近年來在地興起的瑜珈熱潮，另一方面也是文化在交流傳播過程中所失卻及被創造的新意義。這種非純淨（impure）的文化狀態，注解著全球在地的文化姿態，也是在目前的文化狀態下，我們仍不得不使用國家作為統攝藝術的窘境，並以國家作為一個文化的統稱。而在文化混雜之間如何取得一種政治意義化的姿態？值得強調的是，去除其原本文化框架內的象徵及實質權力指涉（即尊隆、自尊、國力、經濟等），思考對應框架之外的可能性，必須從框架內的不一致性（如在地全球性〔glocality〕及文化混種等）作為其解體括弧自身的方式。換言之，這是利用文化作為一個美學姿態「再疆界」的「解疆界」。這是在本屆雙年展中作為專題展最為突顯的美學樣態與策展視野。其中，文化成為藝術作品的一部分，或者，藝術本身就是文化物（artifact）的呈現。

當閱讀這些參展作品時，文化混血與美學混雜實際是一體兩面。這也是展覽透過雙策展機制最為激進的宣言與策略，它意味著當代藝術與當代文化的密切關聯，也是當代藝術實踐中，「藝術家」與「文化工作者」兩者身分的重疊。當藝術工作者的作者身份進入文化生產的領域時，或以文化工作者的身份進入藝術場域時，有一個弔詭而複雜的意義姿態，因為一方面文化成為藝術積極取樣的對象，而這種取樣在其文化場域的位置與軌跡（trajectory）必須是邊緣的位置，因為藉由如此的美學文化概念轉換其文化框架內外的姿態，是一種從內部及外部意義化（signification from within and without）的舉動。它一方面逾越了原本藝術的規範，形成了一種反轉式的跨領域方式，利用一種不在場的文化姿態作為美學姿態表現，這與一般在台灣跨領域藝術中強調整體藝術的劇場性及社區藝術（community art）的社會介入有著很大的不同。同時，也與一般當代藝術工作者使用次文化的動機及素材作為其作品的主要樣態方式完全不一樣。藝術工作者並非僅僅使用（或消費）文化形式，因為他們本身就是文化的實踐者，也是文化儀式（cult）的表演者。在「（限制級）瑜珈」中，成功而冒險地提問當代藝術作為一個表演性的言說，尤其見於策展人對台灣藝術家的選擇：如吳俊輝的地下實驗電影語彙、VIVA 的同人誌漫畫、王虹凱的聲音藝術、周孟德的非學院繪畫等。閱讀這些作品時，其文化註／駐腳的在地樣態是作品中重要的脈絡，我們更不能忽略這些藝術實踐者（同時也是文化實踐者）在文化場域中邊際的位置，這也為台灣目前當代藝術生產狀態提出一種預警的訊號。這是「瑜珈」作為當代文化現成物時，其藝術文化脈絡之積極意義，也是表演性作為一個文化處境的隱喻所彰顯出的作品樣貌。可是展覽標題的另一部份——「Dirty」與「限制級」呢？

　　當然「髒」（dirty）不是「齷齪」（filthy），當然「Dirty」也不是「限制級」（R-rated）。在這裡，我們不能苛求兩個語言系統的平行性與對稱性，這是因應語言系統不可翻譯性的黑洞中必然的情況，因為任何的翻譯都是一種創作性書寫。在這裡我們必須注意的是在兩個語言間，因翻譯所拉扯的語義空間所形成之詮釋框架。「限制級」對應著一個自我監督的電影分級制，另一方面也是一個操作於誘惑原則的策展策略；而對應著「Dirty」，在語言文化的意涵上同樣有著一個雙重意義：衛生與慾望。前者，不光只有文化正港性的宣稱，同時也是現代化與現代性在文明史發展中，去除不潔的文化習性（habitus）。如現代都會的發展是以下水道系統的鋪設作為其前設條件；我們也可以說，現代文明中有一種講求衛生的潔癖性，我們所生活的時代有著前所未有多樣的清潔劑與去污劑。「髒」作為一個文化指涉，實有豐富社會與時代的指涉，在「（限制級瑜珈）」及「Dirty Yoga」中是個未竟的詮釋空間，因為它受於限於文化純正性的指稱。

第 54 屆威尼斯雙年展台灣館

　　「聲音」（voice）主體化的議題，在人文理論中占有著重要的位置，這些討論圍繞著聲音與身體／影像／真理等主客體位置的關連。從梅洛龐蒂（Maurice Merleau-Ponty）對於聲音與可視性的關連，聯繫到拉崗（Jacques Lacan）理論中聲音與凝視的心理機制、或從德希達（Jacques Derrida）的語音中心主義（phonocentrism）中真理位置聯繫到紀傑克（Slavoj Žižek）將聲音作為大他者話語的電影分析中，即便近年來如洪席耶對當代藝術的美學分析中，聲音與影像的辯證關係也是一個重要的面向。在這些討論中，聲音不單單是媒介化（mediation）的元素，更為重要的是聲音移置了影像／身體位置，作為主體發生的原初場景，即便聲音不可見，但聲音佔據了說話主體（speakingsubject）的位置，作為一種「身體化」（embodiment）的顯現；相對於影像，聲音是消失中所顯現的主體，作為互主體網路的置換，一如精神分析中的「這裡／那裡」（fort–da）遊戲中物件與語言的關係。當聲音出現時，意識與知覺總是處於一種調度的狀態，也是作為標識主體與它者真實位置的顯現。

　　鄭慧華在威尼斯雙年展（La Biennaledi Venezia）策畫的「聽見，以及那些未被聽見的－台灣社會聲音圖景」（以下簡稱「聽見展」），呈現類似以「聲音」移置真實的方式，顯現在藝術及展覽本身主體／主題面向。一則將「聽見展」利用聲音作為主題呈現台灣文化生產的「身體」顯現，作為在地性的指稱；另一方面也回應「台灣館」本身在此雙年展中的展覽現實，尤其針對威尼斯雙年展國家主義在其中所扮演的位置。將聲音圖景（soundscape）作為一種將在地景觀化（landscaping）的擺設。配合藝術家的創作計畫，擺置自解嚴後的資料庫，正是將台灣當代藝術以聲音／音樂觀點所註釋的發展過程。另外，在展覽中作品呈現的「聲音」社會屬性，是以移置方式呈現移工、無家者、夕陽工業等作為實際身體的呈現，是屬於社會現實領域中的再現問題，也是社會身體如何再現於藝術中的問題，在比較細緻的分析中牽涉發聲者的代言權問題，換言之，「誰」為了「誰」發聲的菁英屬性問題，同時也是邊緣現實如何轉譯到展演形式。再者，這個展覽以聲音藝術作為視覺藝術展覽的呈現，回應了古典的聲音藝術歸屬於視覺藝術與否的美學問題，其中最為主要並非是藝術範疇的屬性，而是所牽涉視覺與聽覺的感知辯證次序關係。這分別屬於展覽機制、社會性及感知三個層面的面向，在「聲音的」藝術（而非「聲音藝術」）作為視覺藝術展覽中展現的移置運動。

　　整體而言在「聽見展」中，作品、表演及場景的安排對於觀眾的邀約是一個開放及民主性的安排，比較於威尼斯雙年展類似的展覽，莫過於由布摩（Guus Beumer）策畫的荷蘭館《開放作品》（Opera Aperta/Loose Work)，同樣有著聲音作為主軸並以群展方式製作，有著藝術家、設計師及建築師共同合作集體創作類似歌劇架構的全體藝術（Gesamtkunstwerk）的展演情境，企圖回應威尼斯雙年展以國家主義為主的機制，荷蘭本身的文化認同及文化再現的情況，標識藝術及經濟基底（infrastructure）的社群關係。

　　在荷蘭館的開幕表演重新扮演林布蘭（Rembrandt van Rijn）繪畫《夜襲》（The Night Watch）的人物，複製重生荷蘭的藝術社群與其社會角色的關連。雖然兩者都強調了時間性的流變——過程及觀眾參與，「開放作品」相較於「聽見展」有著更為編排性的敘事架構，陳列的物件及作品有著更強烈的現場感，而在台灣的展覽中，有種開放的展演氛圍在其中，表演的編排性比較隨性。這裡所牽涉的展演氛圍差異，在於一種民主性的強化以及藝術社群的開放性，在「開放作品」中所呈現的藝術社群是由各行各業的藝術從業者所扮演，然而在「聽見展」這個藝術社群被置換為未知名的民眾參與，以及被開放邀約的展覽氛圍所取代，藝術家位置的空缺更被其中的聲音及音樂區分屬性的雜化指涉，以「去」奇觀式的呈現再現著類似民主烏托邦的情境，這種去奇觀化，挑戰著「馴化凝視」（the taming of gaze）的展演機制，將作品製造過程及創作性開放作為自身內容的表示。[12]

　　這種開放的展演情境，可以從展出的作品創作狀態，以及藝術家本身身分的調整，以分享的方式將作者權釋放在作品；這裡包含著參加作品的對象——非藝術社群的人——以對話基礎進入作品

---

[12]　在這裡，我試圖當精神分析的意義轉化在展演的奇觀呈現上。請參見 Jacques Lacan, Alan Sheridan, trans, *The Four Fundamental Concept of Psycho-analysis*, New York: Norton and Co, 1973, p.109

框架。在這個意義上，原本作品與藝術家的固定倫理關係（或是陳列關係）在這個層次上開放想像。另一方面，作品並非固定陳列於空間中作為石化（ossified）的示範展示角色。兩件參展作品以「計畫」的形式進入展覽中，藝術家在這裡的角色更像是研究者身分進行對類似於人類學的另類田野調查，其結果並非是一個固定的物件，隨著在時間上及參與過程的開放，讓展覽進入一個「不確定」的情境，這是藝術本身政治性的開展，將作者位置釋放參與者的方式以及將作品創作性（authenticity）讓渡，分享創作於原本非專業的人，進入一套屬於諸眾的語彙中[13]；換言之，在這種營造關係的創作氛圍移置了對於原本特定專業性（professionalism）的定義及原本之階層位置：藝術家創作的位置，職業化的聲音及影像製造模式等方式，或甚至回應在蘇育賢作品半模擬生產的 INDI 品牌中。

　　如果說雙年展是文化工業的話，那麼威尼斯雙年展正是集合所有全球化文化、經濟、社會資本的地點。也正是因為如此，威尼斯發生的各式各樣雙年展連接集合這些巨大的資本讓它成為一個非歷史、非人居住的非地方（non-place）。這些景象發生在威尼斯的每一個景點、攤販、餐廳、文化仲介、公共藝術、畫廊、基金會、渡船等，而企圖通向這個非地方獲取這些資源的捷徑很多，他們發生在古根漢的牆面上、拍賣會場或是藝術市場機制連接的各式各樣展演。文化工業所以為「工業」，正因為它標準化了所有產品，有著容易流通與辨識的完整物件，因此資本容易將其品牌化。我們不難在威尼斯雙年展期間發生的展覽中察覺出這些資本流動最為頻繁的連結，因為他們是連接資本主義的捷徑：有著標準化的擺設及魅化氛圍，藝術品隨時可以裝備著齊全的道具通向資本－這裡是文化工業在後福特時期的裝配線。可是這並非是普里奇歐尼宮（原意為監獄）發生的「聽見展」正在行進的路線，更談不上有任何「捷徑」。如果說經由這個展覽《聽見與未聽見……》有任何全球化景象

---

[13] 有關諸眾的定義非常複雜，但在這裡我簡化為一個「拒絕人口學意義上，不可分類及計量」的概念指陳。同時也是認定諸眾伴隨著帝國的產生的。納格利（Antonio Negri）：「如同帝國所呈現的政治次序，這個全球世界是封閉的，在特定的時空下其能量會耗盡。但是諸眾會藉由主體的傳遞以及複型單數的構成在這個封閉世界中會開始改變。」，請參見 Antonio Negri, *"Art and Culture in the Age of Empire and the Time of Multitude,"* Substance 112 Vol.36, No.1. 2007, p.55

時，那麼這個景象是一個「從底層全球化」（globalization from the below）的視野，因為我們都不能自外於全球化的邏輯之外，但是所有的差異想像必須從這個「內部」產生，這是如果有全球化的「區域性知識」（regional knowledge）的話，會是從這個路線的開端時機（Kairos）。

雙年展作為批判機制的可能

反思在這些發生在全球各地雙年展的案例現象中，最為明顯的莫過於全球化與雙年展之間的平行關係。追溯這個平行關係的起源，我們不得不開始注意威尼斯藝術雙年展本身的設置與商展／博覽會關係之淵源。在 19 世紀末，威尼斯作為一個沒落的城市，其商業與經濟機制必須叩緊自由貿易的契機，一方面將威尼斯的城市形象提升，另一方面也是利用博覽會形式， 將文化資產轉換為經濟資產的模式。在這個基礎上，我們開始認識到雙年展發生學（genealogy）的意義， 雙年展本身就是一個國際型的畫廊博覽會原型，而其起源與世界博覽會起源重疊；也許在其源出起點上，雙年展與全球化是有其症候上的意義 － 例如：模型化及擬像化的世界想像、文化主體與刻板印象的象徵交換（symbolic exchange）、想像的全球／在地位置部屬、奇觀化的文化呈現等[14]。這些在起源上平行的症候似乎可以在表面上聯繫到當今藝術體系的生產狀態，作為藝術產出－作品及展演本身－成為奇觀及再現的呈現，並延續著雙年展／全球化的藝術生產系統思考其發展動態；實際上隨著新自由主義經濟體制興起的晚近全球化，在這波雙年展風潮中，國際／在地關係不再是抵禦與合縱二元操作的進程， 因為在這個關係的藝術及知識生產方式早已不是如此，而是一種更為複雜的動態運動， 這些面向必須回應到更為基礎的現實層面思考當下雙年展本身的生產狀態（condition of production）， 掌握雙年展作為一個藝術機制來進行批判的可能。嘗試著描繪如此的關係如下：

（一）某抨擊新自由主義經濟的大規模展覽處理議題包含：不對稱全球化／都會化／移民及弱勢族群的代表性等面向。可是在這個批判勞資、經濟、政治關係的展覽中，參展藝術家幾乎沒有參展費；藝術家成為在作品中回應藝術生產現實的藝術版本，一種客觀諷刺（objective irony）的關係。

---

[14] 另外一個解釋為葦根性的全球化，阿帕杜萊（Arjun Appadurai）主要的區分在於是否有著全球化的知識以及知識本身的全球化，從認識論的區域差異認定知識生產的差異。請參見 Arjun Appadurai, *Grass Globalization and the Research Imagination*, *Public Culture*, 12(1) 1-19,(Durham: Duke UP, 1991) p 15

　　（二）一個有許多國際藝術家參與的大展，如在雅典雙年展的情景，　隨著展覽的開始與結束，展演成為年度慶典，一種暫時的例外情況，而未能在展演過程中發展與在地藝術生產銜接的作用，或甚至讓展演作為論述空間的開展。換言之，這是「國際性展演」在當地產生斷裂。這裡所包含的國際及在地是一個涇渭分明而過度清晰的方式，而在地的意義掉入文化本質主義的陷阱中，作為維持文化尊嚴的效用，這個國際展演也在此過程中被簡化為一種「全球霸權」的象徵。

　　（三）時間在晚近，　在一個標題為「示威」的雙年展中，　許多參展藝術家是相對於歐、美的少數藝術家，　可是對於這些藝術家而言，　如果是示威的話，　那麼運動的方向到底在那裡？為何示威？為誰示威？彷彿這些少數藝術家本身在異地的現實就是一種示威方式。或者，在另一個雙年展中，許多作品處理政治關係的議題，然而這種政治關係僅僅在展覽中呈現，成為一種再現及政治話語的奇觀。而在當地街頭有著另外一套政治議程正進行著，對應於此的在地／藝術政治場景是一個分裂的狀態，甚至展演的當地語言標題及其英語標題有著南轅北轍的出入。

　　上述三個雙年展拼貼印象的案例是對於晚近雙年展發展過程的觀察，其中種種不對稱及過度對稱的主觀諷刺關係，隱含著文化政治以及將政治作為文化運作方式的生產關係，同時也是在新自由主義的經濟體制下，晚近雙年展發展的特定位置與軌跡。從上述案例中的弔詭開始思索雙年展作為展演／論述機制之可能：如果雙年展不是一種陳列作品、標示文化多樣性的藝術博覽會，同時也不是藝術轉向社會與政治作為一個新政治藝術的標地展演，那就必要回到一個檢驗藝術如何生產的政治觀點，一個藝術自身狀態的展演觀點。其意義便在於企圖從藝術機制（institution of art）中思考其中生產狀態的面向；而此關係與其說是一種經濟因素，還不如說是政治因素，因為從這裡所衍生之主體化面向不再是規則顯現，而是一種規範技術。這同時也標示主體化的轉向，將藝術作為政治表述方式，回到藝術作為檢驗藝術自身的途徑。這個轉向也揭示從 60、70 年代開始的藝術實踐－「機制批判」（institutional critique）－政治性的開展，一個以自我反觀（self-reflexive）將客、主體關係作為一個評論批判自身製造狀態的藝術語言。

　　目前所使用「機制批判」一詞基本上是「批判於藝術的機制」（critique on the institution of art）簡易稱謂（Andre Fraser 199）。 是描述開始於 60、70 年代如 Michael Asher、Hans Haccke、 Daniel Buren 甚至更早 Marcel Broodthaers 等人的作品， 相關寫作在 Benjamin Buchloh 、Douglas Crimps 等人評論文章中以不同方式出現。Asher 在 1974 年洛杉磯展出空畫廊，意圖展現商業體制與藝術主體之間的關連，Haccke 作品暴露贊助、資金與藝術之連繫，以及政治力與展演的關連，Buren 利用標示的方式顯示藝術與展演空間之密切關係。這些後觀念藝術作品是回溯藝術概念在相關實踐與論述的系譜考，也是將藝術實踐之共同狀態回應到藝術作為「藝術的生產條件」，以將原本隱形化的藝術生產關係作為評論美學意識形態的方式。這個概念當然對美術館作為機制的神聖空間挑戰， 其立場的表述在"Brian O'Doherty"《畫廊的意識形態》一書中更清楚標示批判作為一種自我參考（self－referential）狀態：藝術作品在機制中， 評論機制內與外的可能。 在這個定義下的機制，不僅是展演機制－美術館、畫廊等，更是包含教育、藝術史、經典、收藏體制、文化政策與藝術生產關係檢視－簡言之，將「藝術為何是藝術」作為作品檢驗對象的方式。因而，這裡包含著翻轉內、外部操作習性；也是一種身體感的界定。如同 Pierre Bourdieu 所界定的文化習性（habitus）揭示個人身體與機制的關連，它包含了藝術機制組成份子－藝術家、策展人、評論者、史家、藏家－在不同位置中的才情及觀看法則之既定模式，換言之，這是一個從藝術養成及觀看具體化為個人技術的社會法則。

　　在 80 年代迄今， 機制批判的實踐有著不同階段與方式，屬於文化多元主義 Fred Wilson、 Rene Green、或是 Andrea Fraser 等人，試圖將文化再現與政治置入機制批判範疇中，Fred Wilson 利用美術館館藏，揭示工藝品（artifacts）與藝術品之間的種族文化權關係， Fraser 作品討論收藏與典藏的身體政治關係。 在這些被稱為第二波、第三波之後的機制批判，以及當代策展實踐中企圖將展覽作為反機制的展演，都帶有批判其既定生產關係的話語狀態。 這些藝術實踐雖然是編制在機制內，又能顯示其機制本身經濟、社會等問題性，顯示其一種主體化的方式。 換言之， 在這裡有著將藝術作品（或展演）自身作為主體與它者的話語；例如：藝術不在作品中，而是在於其所處美術館空間， 或是其文化環境、典藏方式等。從這個語言狀態上審視機制批判實踐，有著如鏡像般框架作品與它者的關係，是一種放置藝術主體的論述。　在這個意義上，　機制批判的藝術實踐必須要觀者將過往藝術經驗脈絡化，置放於作品及展覽觀看方式中；　也改變機制中既定結構因（structural cause）的生產關係，　調動的原本位置，　而並非維持其原本的機制關係。位置調動的話語狀態作為批判屬於公領域的實踐，　同時也是以行動取代原本機制部屬的狀態，利用翻轉取代原本已經建立的位置與機制關係，　是一種抗拒被機制收編，暴露出場域中社會、文化、經濟機制性的方式。從這裡所展開的論述回應在雙年展作為機制的問題性，將本身生產關係作為一種政治考量。這不是將政治作為展演及作品內容，而是將展演自身作為政治姿態的轉向。因為如此，將雙年展策展機制作為一個結構調整的方式是必要，　以回應雙年展本身發生學的意義，作為重新創造雙年展在當下的可能。　同時這也需要能自我反觀的展演脈絡，　針對雙年展本身性質的展演實驗以反奇觀化的邏輯進行之藝術行動。這是雙年展作為在地的論述空間可能，同時也是將「機制批判」作為藝術表現方式的歷史及社會回溯，在雙年展盛行時代找到「另一種」雙年展的可能，　開展作品及展演意義的嘗試；這是將雙年展作為投入在地文化關係的開始。

當代藝術的生產路徑

　　每一個雙年展多有其位階採取不同的展演策略，發展不同的城市關係，新加入雙年展行列的雙年展與指標性的展覽如威尼斯雙年展、文件展所採用的展演方式是完全不同的。伊斯坦堡與雅典雙年展中, 強調城市本身的觀光印象，換言之，經歷城市本身的經驗是展演的一部分，另一方面，這也發展出與在地文化機制與另類展演空間更為緊密的串聯。在雅典雙年展中當地藝術家的工作室開放與伊斯坦堡雙年展中的《夜行者》都是這類型展演手法的例子。展場的選定如何聯繫到展演語境的方式是特別值得在這類型的策展實踐中凸顯的，侯瀚如利用 70 年代中商場「IMC」作為選定的展場，發展出《世界工廠》的子題，並串聯場地本身意義與全球化經濟的關聯性，這是完全不同於之前伊斯坦堡雙年展的操作手法。而《夜行者》(The Night Watch)有著 30 個不同的散點，透過這些地方及藝文團體的聯繫，在地文化生產的面向在伊斯坦堡雙年展最為被強調。

　　近年國際性雙年展的蓬勃發展已經造成一群當代藝術的專業社群在各大展演中形成一種「候鳥」的現象，換言之，任何一個雙年展的展覽一定有某個比例的固定專業觀眾，以此也區分出其在地非專業觀眾。而最為有趣的是這些專業觀眾也是這些展演的製造者（藝術家、策展人等），因而跟隨著雙年展機制的發展，近年已經形成一個更為龐大、也更為緊密的網絡關係。透過檢視雙年展中共同的策展人及藝術家名單、共同議題的走向及「重要作品」(seminar work）的呈現。我們也發現重疊的藝術家名單不再像以往那麼多，似乎以往令人詬病雙年展中高度類似的藝術家名單，開始有著不一樣的發展模式：在文件展中強調非主流的藝術家、及伊斯坦堡的中國及土耳其的藝術家、及雅典雙年展中的希臘藝術家，每一個策展團隊有著不同的藝術家名單，而同一群藝術家在不同雙年展中展出的同一傾向正逐漸減少中。藝術家分布在全球的版圖越來越平均，亞、非、澳、南美洲地區的藝術家參與雙年展的機會有與歐美藝術家並駕齊驅的趨勢，這也許是因為各地開始發展雙年展，也逐漸形成一種同質藝術場域的發展。這個現象中有個有趣但不意外的結果，是不少美國藝術家回流到這幾個歐洲的雙年展演機制中，Storr 成為威尼斯雙年展的策展人與大量的美國藝術家出現在主展場中，以及文件展有著為數眾多的美國藝術家等。美國藝術正與歐洲發展的雙年展藝術逐漸靠攏。

　　但是這並非意味著雙年展建制的機制化取向，而是開始另一種對於當代藝術機制與雙年展機制批評的契機。換言之，這裡有個對於原本雙年展作為一個國際性大型展演（mega exhibition）的評論與反省。這是以往的雙年展比較少有的情形，如今可以看到這種透過批判本身而形成展覽的態勢。如文件展中重新發展當代藝術脈絡以及特意避開標題性的議題取向；例如里昂雙年展將策展機制透明化的呈現，以回應策展的權力遊戲方式。這些策展策略是回應雙年展作為大型展演的必要性及執行方式的省思。在里昂雙年展中將藝術家所參加的重要展覽提供在作品旁雖然引發一些不滿的回應，但一方面也是這種企圖提供「回收」過去雙年展藝術家名單及策展人的呈現。是將展演機制藝術當成一種現存文化運作現象考量的呈現，凸顯在雙年展的運作方式中，將當代藝術作為認識對象時，一個清晰辨識的企圖展現。

　　另一方面，我們也可以利用在雙年展中流通的「議題性」試圖觀察當代藝術所表現的特殊樣態。策展論述在作品及展演成形中扮演大於藝術家的角色，也同時也決定了展演的樣態與呈現的議題，這是當代藝術中「當代性」的呈現，也是一個「政治向度」（political dimension）的問題。[15]在策展人與藝術家形成的展演體制中，我們對「作品」與「展演」的概念必須重新定義，同時也反應著藝術主體性的改變。基本上，當雙年展仍是以一個廣義的「文化政治」概念作為一個呈現當代藝術的方式時，例如全球化、現代性、赤裸人生等的觀點切入生態、人權、種族、國家主義、社區、社會正義、認同政治等議題，其藝術作品的意義不能不考慮相關策展議題及策展人在各別生產的藝術家作品中所扮演的角色。一方面，這牽涉策展語境及批判文化與社會內容而又成為藝術表現的一部分，另一方面，策展人及藝術家結合的集體創造展演形式所形成一非美學運動式的「批判主義」（criticalism）。這種在藝術呈現的政治性當然不是「社會運動」（political activism）；藝術呈現的政治性是一種透過藝術的展演方式，呈現出一種迂迴的「政治想像」（political

---

[15] 當代藝術與政治的討論，參考 Boris Groys, *"Art in the Age of Biopolitics: From Art work to Art Work to Art Documentation"*, *Documenta 11* (Ostfildern-Ruit: Hatje Cantz, 2002) 108-114

imagination），換言之，是「想像激進主義」（Imaginary Radicalism）的表演性語境，即便在最不強調政治面的威尼斯雙年展中，其主展場中的政治語境仍是十分明顯。我們可以歸結這種策展與作品結合的議題化方式反應出當代藝術在全球化的生產路徑，經由將文化與藝術視為一個意義的整體（meaningful totality）才能在形式美感所發展的感知經驗之外出發，經由一種特殊的文化、社會、政治脈絡的呈現反應當代藝術中一種普遍性人類情境，也是當代藝術透過雙年展的論述空間所呈現對未明言的烏托邦允諾。

第三章　去中性展演

　　如 O'Doherty 所言，展演的意識形態如果存在的話，　在展演空間的潔癖永恆空間所保存的正是作品的靈光；　確保這藝術作品原本在「上層架構」（super structure）的位置，　進行對於如阿圖舍（Louis Althusser）所言的「召喚」（interpellation）作用。　而這種召喚讓受眾浸淫在一個中性化（natural）的框架中。因而在表演性、跨域及機制批判等策展實踐，是一個展演本身的重新框架，以一種「去自然化」（denaturalized）的藝術呈現展演藝術形態因而其歷史、機制、形式的配置，這個重新架構的過程讓原本藝術的「圖像」可以被重新分割與重組，並讓原本不可再現的元素得以顯現。這是藝術的多元決定論（over-determination），讓藝術及其結構因的關係重新顯現，其主、客再也不是固定而顛簸不破的關係；藉此，藝術生產關係的主體重新顯現。這也正是展演的關鍵時刻，必須在藝術的內部及外部同時展開部署的政治行動，藉此讓原本藝術與生活的界限消弭，重新分配其關係。

交換與生產狀態：當藝術成為社會關係

　　Guy Debord 重新改寫馬克思的名言：「資本不是一個物件，而是人與人之間的社會關係」成為對奇觀社會的描述。Debord 寫到：「奇觀不是影像的累積，而是人與人之間的社會關係被影像所媒介著」。此挪用書寫標示著事物及其社會關連的思辨，如此概念成立的話，我們是否可以從另一種再挪用：「藝術不是藝術品，而是人與人之間的社會關係」，開始藉由「物性」（thingness）思考另一種物與個人、物與集體、或者物與及其所存在的世界關聯性，開始進行對藝術世界的重新思考。一方面可以解釋在古典馬克斯主義中藝術品作為商品的物件特性，其關鍵就是在於經由物化（*verdinglichung*）途徑所產生之經濟與生產關係，藝術品作為在社會中生產／交換／流通／消費物件是生產關係的具體呈現；同時這種社會關係也是技術狀態與社會集體的關聯。換句話說，技術條件的改變反應了個人／集體的發生關係。另一方面，也可從 Boudieu 的著作中思考藝術媒介化的社會關係。Bourdieu 所談的「區分」（distinction）到「習性」（habitus），實際上有藝術作為一個社會之物及客體的脈絡，也就是其聯繫的不僅是藝術作為商品的關係，而是一個標示出社會位階的方式，這是從藝術的工具性（instrumentality）所出發的思考途徑，包含了社會、文化、經濟資本關係的分配、累積與傳承等面向。

　　另一種對於 Debord 句子的改寫可能是：「展演不是藝術作品的集合，而是一種與觀眾間所發生的社會關係被作品所媒介著」。這個改寫本身標示著另一種藝術的可能，或者是藝術作品展演本身表演性的改變；換言之，這裡有著重新定義展演及藝術作品的作用、接收及感染性等有關藝術經驗之面向。一方面是對於作品呈現、再現及媒介化等「表演行為」的思考，晚近有關科技藝術及「現場藝術」（live art）對於參與性的討論，可以視為在呈現關係上改變媒介化的表演性途徑：從一個被動的接受到主動的參與。另一方面，這個改寫也代表表演發生場所與空間的改變，意即表演「舞台」的改變，藝術經驗發生現場不再是傳統的展示空間場所，從這個角度甚至可以溯源到地景藝術、事件、表演等藝術類型中的場所特性。這裡，有著作品作為呈現及再現邏輯的重新推演，例如 Smithson 對於「場域」及「非場域」的呈現，或者如 Rosaline Krauss

對於「拓展場域」（expanded field）的可能推演，這些有關藝術呈現場所的調整，實際上是另一種再現邏輯的宣稱。即便作品發生在白盒子、黑盒子等各式各樣的展示空間中，透過累積、奇異化、數量化等方式所進行形式操演與展示空間的觀看關係，將作品奇觀化作為觀眾「凝視馴化」（the taming of the gaze ）並賦予藝術品本身魅力的方式；[16]這種舞台空間的改變，實際上指的是「他處」的社會場景，更為精確的描述即是機制批判傳統中所一直強調的去魅化（disenchantment）奇觀展現。將作品的過程作為結果的展現，讓其中「非在場」的它者因素顯現，脫離「馴化凝視」的展現／曝露模式，這種去奇觀化，挑戰著馴化凝視的展演機制，成為一種將過程作為自身內容的表示。換言之，這是主體及客體疊合的再現，也是目的及手段合一的方式，讓過程即是結果，並且標示著利用作品所框架的生產關係顯現，亦是「自我反觀」的姿態。

於此交換循環，藝術作品成為觀看、欣賞、思維的對象，藉由這個社會關係變成各種身分－商品、展出品、評論對象，種種「化身」毋寧是對於生產狀態如何被調節（conditioned）的反映，同時也對於製造、消費、流通等生產面向提出質疑。其中物件身分本身扮裝而諧擬整個生產過程，且更為重要的是指向此一生產規則本身的無效及虛構性，換言之，這強調藝術生產狀態就是社會建構的模式。此外，藉由其中的關係，這些所有文化觸媒從收藏者、評論者、策展人等都是這個生產機制的一部分。這裡，「觸媒」扮演者如同作品的參與者與作者身分，這種參與過程讓所有介入作品其中的人扮演其社會關係的內化邏輯。同時，這件作品也成為作品作者權（authorship）的讓渡，因為所有介入者都完成其中部分環節，如果說這類型的作品是一個演出的話， 那麼這個演出不再是由創作者一人獨立完成，而是由一種「委派」方式所開始的共同參與社會關係表演者身分，也就是說，這種作者權本身是一種移置方式。

---

[16] 拉崗從沙特的理論延伸出一個類似如西區考克式的詭譎（unglishe）區分看與被看的分別：我成為一個他者，而也在這裡，讓「我」成為他者凝視的一個物件。但在這個與原本交互的位置中，他者也知道我是一個知道自己正被看的物件（客體）。這是一種對你是的馴化的作用。Lacan，p 215

　　關於參與性展演的改變在當代藝術是個重要轉向，尤其結合表演藝術的作品。例如 Chris Burden、Vito Acconci 等人的作品總是將藝術家的作品奇觀化，劃分觀眾和藝術家的分野；換言之，這是一個把創作本身身體殊異化作為展示空間的奇觀化。可是在 90 年代之後的表演藝術中，開始以另一種將藝術家本身原創性的奇觀「委派」（delegate）作為為群體性代稱與移置。例如，Rirkrit Tiravanija、Francis Alÿ 、Liam Gillick 等人的作品總是試圖讓原本被動的觀眾陷入一種「主動」參與性的氛圍。[17]

　　當然在 Nicolas Bourriaud 的關係美學中有著對這類型群體性「表演」的特定詮釋觀點，但如果重新思考這種集體性表演及事件中作者權的釋放，是將個人奇觀的轉變成為集體的展現，讓作者及其本身的魅力釋放於共同參與者中，經由一種去殊異化的集體奇觀展現，使其社會關係反觀呈現。換言之，這是以反覆的形態呈現此作者作為「參與作者們」的改變。[18]

　　這也許是為何最終呈現這些集體性的表演時，總是以文件作為呈現載體的原因。如果將這些作品作為一種演出的話，文件的存在是必要的，但其原因並不在於表演本身需要紀錄作為保存方式，而在於介入其中的過程必須要被展現出來作為作品內容。這是當代藝術中，錄像表演、政治藝術及現場藝術等類型作品以文件作為過程展現時所具有的美學樣態。正因為這些參與作品的作者以一種內化的社會身分讓藝術奇觀重新在生活奇觀中脈絡化，作為被藝術媒介化的社會關係，因而文件本身成為生物政治（biopolitics）的表述。這裡正是將藝術指涉它自身，使得作品成為生產過程的反應—既是過程又是結果的弔詭藝術呈現。假設從外部思考內部的主體開展，讓古典的對立－藝術與生活－重新取得當代的意義，作為「社會關係被藝術所媒介著」的展演可能；從這個意義下，藝術作為檢驗其生產狀態及交換價值的可能方式在文件及參與性的改變中共同展開，這是展演作為評述自身的轉向，表演性的回溯到生產狀態，

---

[17]委派表演是 Clair Bishop 對於代理性的集體表演的描述，換言之，藝術家創造一個場景或框架，讓團體可以成為表演形式。請參見 Clair Bishop, "Contextual Material", *Double Agent*, London：ICA, 2009

[18] Nicolas Bourriaud, *Relational Aesthetics*, Trans., Simon Pleasance and etal., (Paris: Presses du réel, 2002)

在「他處」的展示空間中調動原本社會關係的藝術途徑。

逾越展演：把手弄髒

　　去除展覽標題是企圖開放藝術作品的詮釋框架，而非讓標題形成規範，是讓展出作品不直接利用標題脈絡化的既定方式，可以在語言的意義之外取得作品本身的演繹位置；更為重要的，是在於顯示出藝術作品與雙年展本身的關連，呈現作品與這個行之有年展演間的特定關係。換言之，這個標題的缺席本身反應雙年展做為特殊展演形式與作品關係，而非一般的主題展或調查展等的群展形式，進而思考在雙年展近百年歷史中，其展演形式的可能與侷限。

　　因而，標題缺席並不代表著策展主題與概念的缺席，而是企圖經由策展概念與藝術發展歷史中重要的課題來做為規畫與呈現的展演措施，同時也是反覆出現的主題：這三個概念包含：一、機制批判演繹至今的展覽及策展樣態；二、藝術生產狀態中資源分配及權力的部屬；三、自我反觀（self-reflexive）做為藝術作品美學表現及樣態。三個主軸一方面是針對台北雙年展歷年展演脈絡的思考，也是置放在展演本身的文化位置之反思，換言之，如果展演可以是一個對於展演本身政治作為的思考起點，那麼其本身的可能性及不可能性在那裡？成功與挫敗的標準又是如何衡量的？更為重要的，是當全球展演聯繫著新自由主義的政治經濟邏輯時，如何能讓展演本身具有一種足以抵禦如此文化邏輯的「半自主」（semi-autonomous）空間，而不陷入「展演疲憊」（exhibition fatigue）的困擾。

　　這三個對於策展主題／主體的思考回應了對於反映藝術本身的狀態，從 1970 年代以來的機制批判實際上有著法蘭克福學派對於批判性（criticality）的定義，同時也是批判性在無所不在的機制中做為自主性權充，機制的存在本身就是為了確保「再」生產既定原有的意識形態。其生產狀態一方面反應出經濟關係與生產工具技術的藝術生產基底（infrastructure），同時也是布爾迪厄（Pierre Bourdieu）對文化場域的知會與回應，這包含精緻與常民文化的分野，也是在這個概念下文化習性的生成，化為個人的社會身體（social-made body）。自我反觀既回應了藝術本身主體的形成，也反觀標示這看待自身（see oneself），在自身如何被看見（make oneself to be seen）的意義上，讓主／客體的關係可以被同時呈現，或者反轉成為一種互主體的樣態。

　　從反觀的概念思考展演與暴露（exhibitionism）的關連，我們可以了解一方面展演做為暴露可以是奇觀的展示，另一方面藉由一種過度的展示（暴露）而顯示出自身欲如何被看見。這正是展示邏輯中顯示自身主體的狀態，問題不在自我的形象，而是自我如何形象化讓它者接受。在展演中，這個它者所標示出的不僅僅是廣義上的觀眾，也是展示空間的場域。如果這個展演中的展示邏輯是一種特意的顯現與壓抑，讓某部分呈現（或消逝），那麼這本身顯示其構成方式的概念是個政治性的議題。這裡包含的不是藝術做為一種工具性在外部顯示的展陳方式，而是在自身就成立的對立情勢。因而「藝術的政治性」指向的是藝術的內部，藝術生產、消費及流通等模式的操作結構。換言之，藝術本身如何構造自身的方式？呈現「藝術的政治性」是檢驗藝術自身的方法，讓藝術的狀態有如鏡子般反射自身，這是一種較為不確定的情境，藉由不同的觀看，讓原本在藝術中「不可見」重新可見，而藝術自身的形象可以被認識與觀察。因而，藝術政治性的展覽必須有一種不穩定的展演語境，讓如現象學的「存而不論」時刻產生，呈現藝術自身。這正是藝術自我反觀的運作方式，以了解藝術生產的源初狀態。

　　如果說藝術展演本身其政治性的空間，也是思考展演本身的起源及其系譜學思辨時，藝術為一個「政治性」的思考，必須從其所附加的政治與倫理途徑之外，去思考藝術本身的起源、效用及規模。[19]因此，這必須反轉展覽機制本身，讓原本藝術家與策展人、呈現及接受、理論與實踐等的對立面消解，讓原本展覽中隱藏而「中性化」的元素顯現出來。因此，一個展演的政治性呈現不光只是機制本身的作用—權力本身的部署及分布；而也是藝術機制本身的效

---

[19]　在這裡所思考的政治層面實際上是以一種爭議性的面向。　如 Jacques Ranciere 在政治的十個命題中提出的：「政治並非權力的運作。政治應該以其自身所定義，作為一個因特定理由而產生的主體實踐的行動模式。惟有政治關係的存在方有政治主體(性)…存在的可能，反之並不然…將政治界定為權力的運作或擁有，其實是抹煞了政治。」 作者自譯由， Jacques Ranciere, "*Ten Theses on Politics*," Theory and Event, Vol. 5, No. 3, 2001, p12

果—藝術如何被接收、分類、觀賞等，是一種從藝術社會關係內化在個人生活模式的影響。而其實，展演本身從來不僅是藝術作品的集合展出而已。相反的，它更是一種從一般觀眾到專業藝術社群的社會關係界定，藉由藝術生產而定義本身。因而，藝術的政治性必須從這個社會關係上浮現，讓原本社會及藝術的對立可以被拉近，其中必然的分野亦隨之消失。

石晉華在 2010 年的作品《當代藝術煉金術》呈現如是社會藝術關係的作品。一方面， 從藝術作為藝術生產及其交換價值開始的藝術社會關係網絡，藝術品是商品也是文化場域的媒介；另一方面，其表演性說明著藝術再現場所的改變，以及觀眾關係的改變。作品所媒介的狀態正是在台灣藝術生產狀態與市場的特殊性，及現實中台灣藝術生產狀態的困境。作品並不是發生在美術館的牆面上，而是其所寄生的文化場域，其機制面向包含著從藝術家、市場、畫廊、藝術雜誌、評論、展演、策展人等關係及之間運作的顯現。石晉華作品成立與發生的原因，在於揭露其所處的藝術場域邏輯，同時也反應出這件藝術作品本身的生產狀態，以盡可能透明的方式於當下呈現。石的作品利用滾雪球的方式從非作品的狀態開始在台灣藝術生產狀態擾動，利用縮小版的生產模組製造依附在原本價值中重新狀態化（conditioning）情境；換言之，石的作品在於製造一種過於對稱／不對稱的弔詭藝術及經濟邏輯。例如，現成物的藝術品與現實物件的對稱，而當藝術品作為商品進入經濟體系後，經濟體制（幣值本身）又不可再現。從「2.5 毛」這個無法於貨幣單位顯示的具體物件，來影射藝術作為思維對象到市場交換的商品之間不平行的交換關係。這種弔詭關係並非存在於作品中，而是在於藝術品的生產及交換狀態中，作品依附在此生產本身的弔詭交換邏輯。因而，從藝術家個人產出、畫廊機制、收藏者、再到藝術媒體及其「評述」、展場的呈現等，使得原本現實中的一元台幣，以不同的身分輪替交換。換句話說，這是一個資本化為物件，而又轉換為資本的連續過程，有著經濟、社會、文化資本的轉化、累積與傳承為物件的過程，以「資本作為社會關係」，通過物化及抽象化的輪替中， 進行關係本身的再生產 。

對應著現代化、現代性、衛生與自我監督的「髒」，同時也有其政治義涵。沙特（Jean-Paul Satre）的劇作《髒手》（*Les Mains Sales*）

中提到：對未來烏托邦的遠景，在政治鬥爭中我們為了爭取更多的自由必須要「把手弄髒」。沙特藉由劇中主角 Hoederer 口中說：「你看，我的手可是髒的。你愛的不是人，而是你的原則，你的潔癖是一種死亡。你根本不想改變這個世界，你只想把它毀掉。[20]這是以「髒」作為政治理念的必要之惡。對沙特而言，也是必須在既定規範中尋求出路的唯一手段　：　毀壞這個規範的邏輯性。把手弄髒意味著「在現有的自由中爭取更多的自由」。同時，策展主體作為政治性論證的意義所在，是在不潔的文化物/藝術物之外，所開放的象徵性行動與積極意義——但絕非是現實中的社會行動。在此邏輯之中，我們看到一個隱含但非外顯的當代藝術之美學政治企圖，這種企圖的考量受限於將藝術作為文化物的邏輯，而非以藝術作為文化行動的實踐，是一個去中性的展演空間，　讓聖殿中的陳設不再永恆，不再聖潔，　進入一種解放方法的藝術經驗,[21]　是一個逾越主題/ 主體論述所進行的文化實踐。

---

[20]　Jean-Paul Sartre, *No Exit and Three Other Plays*, I. Abel. Trans.(New York: Vintage, 1989) p200

[21]　有關解放方法。請參見 Jacques Rancière, trans. Christin Ross, The *Ignorant Schoolmaster: Five Lessons in Intellectual Emancipation*（Stanford: Stanford UP , 1991）　p 102

第三章　去中性展演

策展主體：當代展演實踐

第三章　去中性展演

附錄一、52 屆威尼斯雙年展《非域之境》策展論述

Atopia
A Contemporary Spatial Topology

The superficial meaning of the word "contemporary" seems to be a reference to time. In fact, such is not the case, because we inexorably find ourselves in the contemporary moment, and this is true for the future as well. In reality, as a time-oriented term indicating a certain era, "contemporary" is utterly ineffectual. Yet it is also difficult to deny the contemporary, because if we wish to exist outside the contemporary, other than wasting energy imagining the construction of a past and a future absolutely different from the present, we can only increase our vexation. Consequently, the concept of "contemporary" as an expression of time is much the same: its universality causes the excessively signified to nullify the signifier. The solution for making "contemporary" a meaningful expression lies in its tendency to depict space, moving in the direction of the current-day global state of simultaneous juxtaposition, in which chronological order has lost its meaning. As a result, contemporary is no longer an emphasis on time-oriented cause-and-effect sequences, but instead is a discombobulated, variegated state of spatialization. From the consideration of the word "contemporary," we boldly assert that through means of spatialization, our era has replaced the understanding of time held in the past. And this orientation toward space is a base point for grasping the current reality. At the same time, it is an effective description of the current state of affairs as it has materialized.[22]

---

[22] Theorists such as Henry Lefevre and Fredric Jameson believe that we live in an age determined by space: in physical spaces we travel to far-off places; using technology, we communicate simultaneously with people far away; through the media, we learn what events transpire on the other side of the earth; the terrain of the earth is shrinking (the "global village,"

Thus, corresponding to the complex spatial state of politics and culture in the contemporary world, clearly ordered Euclidean space is no longer an effective concept – complex, synchronous, multidimensional space is the condition of the current age. We are also accustomed to using the concept of spatial topology to explicate and explain the state of contemporary society and culture. Utopia, however, is the space-oriented term with the greatest amount of history. It refers to an idealistic, non-existent place. Its prefix "u" indicates "without" as well as "good." Literary history has no lack of musings on the possible conditions of an ideal society: The united, harmonious world in Thomas More's *Utopia* is just such a realm beyond the hope of achievement. Other examples include the realm of the Houhynhnms who ruled the Yahoos in Jonathon Swift's *Gulliver's Travels*, and the society of surveillance governed by Big Brother in George Orwell's *1984*.[23] These descriptions reveal the connections between utopia and society, and also cause us to consider the importance to humanity of the concept of "progress." More crucially, utopias construct imaginings regarding totality, employed collectively. In other words, in the midst of totality, the differences among individuals are swept away. This is the reason a very thin line so often separates utopia from dystopia.

In the blueprint for left-wing political culture, utopia is the ultimate goal. Nevertheless, the practical implementation of this form of imagining and desire for the collective is an impossibility. The true reason is that the gap between totality and difference can never be fully bridged, because the differences of individuals inevitably transform utopia into dystopia. Another form of utopianism that has surfaced in the contemporary world is the fantasies that form under

---

"globalization"); dislocations occur in space (postmodern spatialization); the boundaries of cities continuously expand (urbanization).

[23] Here I borrow from Henry Lefevre's topological concept distinguishing utopias, isotopias and heterotopias. A utopia is a "place of without," an absolute space or an abstract space. A heterotopia is a place of contradictions. An isotopia is a "place of the same," or an analogous space. Isotopias emphasize law, order and regulation. See Henri Lefevre, *The Production of Space*, tr. by Donald Nicholson-Smith, (Cambridge: Blackwell,1991) p. 292-293.

the logic of capitalism and globalization, such as the disappearance of cultural boundaries, the transparency of communication brought about by technology, and the free flow of capital, as well as fantasies of prosperity related to consumer society. This is something on the order of a "one world" state – not an ideal global village of peace, joy and togetherness, but rather a state of blending and penetration under the deterritorializing effect of globalization. This is because the recognition of "world-ness" is a battlefield of struggle under the subordination of power[24] – the common ownership and sharing of world-ness is a collective illusion, a fantasization of power. It is an interpellation of ideology and power. Thus, a world of a peacefully and commonly shared culture, politics, technology and economy is a pure and unadulterated neverland.

---

[24] Mike Featherstone, edit., *Global Culture* (London: SAGE, 1990) p. 51, 61.

The Margins of the Margins: From Heterotopia to Atopia

In "Of Other Places," a seminal exploration of the contemporary concept of topology, Michel Foucault suggested that a state of intersubjectivity exists among contemporary spaces. The spaces that he explored in this lecture were places on the margins, such as ethnic communities located in foreign lands, red light districts in big cities, the graveyards of holy places (churches), and boats when they are far ashore from their land of origin. Because of the marginal nature of these spaces located far from the center, their special spatial characteristic is a contradictory symbiotic phenomenon. In other words, in Foucault's concept of space, "place" is a space corresponding to, yet incompatible with, a subjective center. The concept that Foucault termed "heterotopia" is a subjective discourse on dynamic space: The prefix of the term – "hetero" – means different or paradoxical. Thus, a heterotopia is a "place of contradictions and differences." Foucault's concept of space initiated an exploration of the expounding of contemporary spaces, and also led to a variety of possible interpretations of heterotopian space, from cultural to societal to metropolitan.[25]

According to Foucault's concept, a heterotopia is a marginal space. Could there be a marginal space even beyond the margins? And what is the orientation of such a space and the forms by which it unfolds? In other words, can a "non-spatialized space" exist? And what are the appearances of a space that can be deduced from such a definition? The German sociologist Helmut Willke has proposed the concept of "atopia," defined as a space without borders. Using this concept, we can comprehend the concept of "de-territorialization" manifested in such phenomena as the blurring of the boundaries of national politics, cultures and societies under the influence of

---

[25] For example, Edward Soja's ideas on the "third space" and Homi Bhabha's concept of the "space-in-between," have created new models for the spatial logic of "if not this, then that," while also introducing means to fluidly and simultaneously analyze aspects of contemporary culture, politics and economics.

globalization, or technological conditions (i.e., the Internet) and multinational corporations. In other words, as employed by Willke, the concept implies a redefinition of spatial recognition. This is because in the process of globalization, the technological conditions and fluid economics of capital and the deployment of power have penetrated borders as we originally defined them. In Willke's perspective, atopia represents the blurring and inevitable loss of borders, manifested in the process of globalization with its tremendous diversity, e.g., the redemarcation and reorganization of cultural, political, economic and societal terrains. Multinational non-governmental organizations (NGOs) and multinational markets most fittingly represent this phenomenon of de-territorialization. Nevertheless, we must also consider that this phenomenon of de-territorialization, as Gills Delueze noted, implies a motile tendency toward re-territorialization. In other words, this is an irresistible tendency in the various pre-existing aspects of the process of globalization, such as power, control and autonomy. This is a necessary preamble to developing the concept of atopia as an interpretative framework, because the current process of globalization is filled with countless quasi-utopias: Taiwanese-style Japanese foods, Asianized McDonalds, European studies of fengshui, tea ceremonies and Chinese flower arrangement, localized Taiwanese hip hop, and other phenomena of cultural syncretism. This is a state of atopia omnipresent in everyday life. Atopia is helpful in clarifying the phantasmagorical state that exists in the context of globalization.

Of course, "atopia" is a neologism, a conjoinment of the prefix "a" (meaning "not") with the root "topia" ("place"). Thus, atopia implies a "a place that is not a place." The logical extension of this concept is that even though a certain place is a place, it cannot be seen as one: a state of existing yet being unable to be referred to, a paradoxical spatial condition. We may view an atopia as a "place that cannot be (or has no means to be) spatialized." The developmental model of its definition is articulated through the contradictory manner of expression, "a space that is unable to be seen as a space." Among geometrical concepts, a torus (Fig. 1) is an atopia, because its physical center lies outside its own circular parameters, and its interior is also an exterior space. A similar space is the Moebius strip (Fig. 2), whose interior is also exterior. The torus and the Moebius strip defy the conventional Euclidean understanding of space. Their topological definitions have a parallel correspondence within the special manifestations of contemporary culture and politics. Atopia is a margin that cannot be marginalized, because it cannot be represented by customary spatial concepts, and has a special and irregular development.

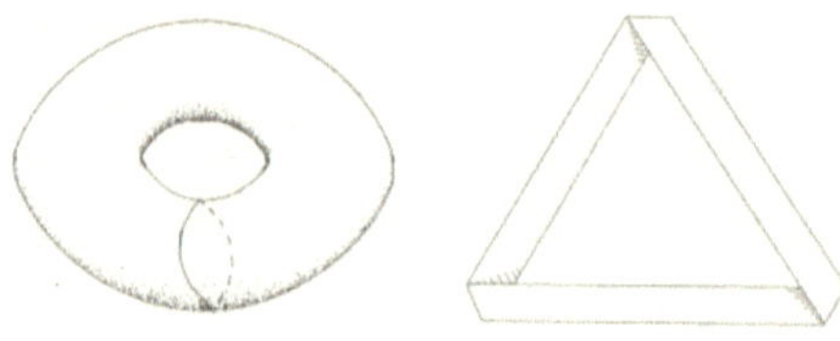

Torus   and   Moebius strip

An atopia is a *terra incognita*, abiding by the logic of a space more marginal than heterotopia; its marginal nature is not derived from a reference to its location, but is its own method of spatial generation, much like the paradoxical condition of a "center located outside its own bounds" as in the geometrical concepts of the torus and the Moebius strip. An atopia is a space that cannot be represented in an ordinary manner; its special characteristic is that of an "unplaceable place." Put simply, an atopia is a "non-place." An atopia corresponding to the contemporary cultural context is a special and paradoxical spatial state: an un-representable space – a non-communal community, a non-nation nation, a non-culture culture. It is a realm that is an exception to the principle of representation.

The Borromean Knot of Space

Within the parameters of practical rules and norms, the mode of development of an atopia is an infeasibility. It is an object that has been intentionally ignored and suppressed within the global logic of military affairs, law, economics and biology. Its form in which its subjectivity takes expression is the immediate desire to be recognized as "a place," but its inability to materialize causes it to tend toward an incomplete subjective state. According to this definition, subjectification is not merely the self-awareness of the subject itself, but also the acknowledgment and acceptance that the subject is placed within a context of intersubjectivity – an intersubjective network of identifying and being identified.

We may use Lacanian terms to understand the relationships among utopia, heterotopia and atopia. The appeal of this kind of interpretation lies in its clarity, and its being beneficial for introducing the topological concept of Lacanian psychoanalysis: In a Borromean knot, if any one of the circles is removed, the entire knot comes undone. This is a sign of the special interconnective motion among the three rings. Because the fundamental spatial problem in the concept of atopia lies in naming something in some means other than its name, it is defined by a lack of linguistic status. In other words, atopia belongs to the symbolic order.[26] The imaginary order can be associated with heterotopia – much like a baby in the mirror stage, which, in the absence of an image, relies on a real mirror to inform itself of its own self-identity. This imaginary order is at once complete and also fragmented, like the rending apart of a perfect gestalt from its disjointed body that exists in the real world.[27]

---

[26] According to the concepts of Lefevre, an isotopia is consistent with the rules of the symbolic order, but within rules stressing symbolic principles, it must have an exclusivity that lies beyond rules. Thus, atopia implies an anti-space within space. Lefevre, op. cit., p. 366-367.

[27] In his famous lecture "Of Other Spaces," Foucault presented a detailed discussion of heterotopia, mirrors and mirror images. http://foucault.info.

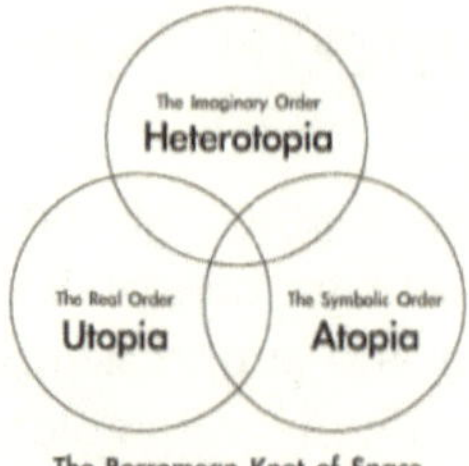

The Borromean Knot of Space

The real order represents utopia, because in psychoanalysis, desire is always a postponement of self-realization, but drive repeatedly tends toward the realization of infeasibility. The infeasibility of the ultimate realization of desire clearly indicates the real order, but drive causes it to constantly be repeatedly imagined. This is why, based on the rule of lack of subjectivity, utopia is manifested as an ideal and beautiful neverland, but also constantly tends to initiate the real order.[28] Atopia stresses the frustration of the symbolic state. It is the impediment that the symbolic order encounters when entering the real order. Based on the castration principle, aphasia is its symptom. In other words, it is a logical manipulation, given the law and symbolic rule of "substance without a name." The paradoxical nature of atopia lies in the subject's relationship of excessive submissiveness to "the big other," because in actuality its "unnameability" must be employed within the symbolic order, gaining the bizarrely contradictory state of an "exterior interior" and a "center on the margins."

---

[28] This was the intent of an exhibition I recently curated, *Utopia Station*. Here, the title signaled a state of halting. In this station, we can perceive the stop-and-go condition of contemporary culture and politics. Thus, Utopia Station is also a kind of Utopia Stasis, a demarcation that must not be manifested in the real world. We might even add the three letters "gna" to the expression, yielding "Utopian Sta(gna)tion," to comprehend the genuine signification of this exhibition.

The Non-place of Globalization: The National Allegory of Atopia

The atopian condition is the manifested condition of biopolitics within current culture. This means: Our bodies, career plans, work, leisure activities and other practical expressions of everyday modern life are the results of moral actions within the unitary politico-economic logic of globalization and norms determined by legal and national mechanisms. In *Empire*, Michael Hardt and Antonio Negri describe, according to the logic of globalization, the position occupied in contemporary culture by an empire whose homogeneity has gradual formed through history, shaping our everyday lives and becoming part of imperial biopolitics. They describe this state of affairs thusly: "In Empire, no subjectivity is outside, and all places have been subsumed in a general 'non-place.'"[29] In this state, the true life condition of individuals is the personalization of deprivation – what Italian sociologist Giorgio Agamben described as the condition of "naked life." And the longer we remain in the non-place of the logic of Empire, only movements of empowerment responding to emergency situations – of nomads, hybrids, the many different shadows that exist in communities, in gender, in cities – can be manifested in individual action and implementation in the face of the homogenization of the logic of globalization.

Atopia is an exterior that forces the interior of the Empire inside. Its operative logic is that of a state corresponding to an isotopia. The atopias that emerge in such areas as technology, nationhood, urban life and population are states of emergency that bring about empowerment, because their "state of exception" is an open-ended condition that has no name and must be revealed in-the-name-of-others. Thus, within this logical network interweaving society, economy, culture and so forth, there appear scenes of conflict and disparity that make it no longer a singular denotation, but a situation of paradoxical expression highlighting its contradictory

---

[29] Michael Hardt and Antonio Negri, *Empire* (Cambridge: Harvard University Press, 2000) p. 353.

spatial signification of "neither this nor that, but also both this and that."

As described previously, the principal concept of a nation acting as an atopia lies not in its existence outside the purview of the logic of globalized politics, economics and military affairs, but rather in its state of incorporation "within" the symbolic order. Identity in Taiwan is similar to the "Fort-Da" game that young children sometimes play when learning language: a perpetually repeating game within the symbolic order of appearance and subsequent disappearance.[30] This is not merely reflected internally in Taiwan, but is also the source of the unresolved conundrum of a double status in foreign affairs: on the one hand a self-sufficient nation state, while on the other hand a "renegade province," as China has attempted to label it. Squeezed within the logic of globalized politics, economics and culture, Taiwan and its self-perception, which as yet has not been allowed to be clearly enunciated, have formed a phantom status of "nation without nationality," the paramount example of an atopia in the present-day world, within the current framework of globalization.

Taiwan's status on the international stage is consistently expressed in other terms. Consider the countless appellations under which Taiwan has appeared over the past 20 years: "Taiwan (ROC)," "China (Taiwan)," "China (Taipei)," "China/Taiwan," "China/Taipei," "Taipei, China," "Taiwan, China," "Chinese Taipei," "China Taipei," "Taipei" or "China Taiwan." The names of its diplomatic entities are even more befuddling: "ROC trade representative group," "East Asia Trade Center," "Commercial Office of the Republic of China," "Chung Hwa Travel Service," "Free Chinese Center," "Association for the Promotion of Commercial and Tourist Exchanges" and so forth. As an atopia, Taiwan, referred to through a countless list of terms, textual restructuring, division, brackets and slashes, must articulate its own ghostlike identity "in-the-name-of-others."[31]

---

[30] "Fort-Da" (meaning "Gone/There") was a rumination on the relationship between the rules of language and symbolism developed by Sigmund Freud when he observed his grandson playing with a reel.

[31] The anxiety regarding the title of Taiwan surfaced in interviews with both

Just as in a perpetually incomplete signifying chain, a constant metonymy referring to an unspecified subject generates, through aliases, a political allegory of Taiwanese nationhood, constructing a power process framed within the game rules of globalization addressing the governmentality of others. Taiwan's aliases adhere lightly to the concurrently ongoing depictions of the island history of this "nation without nationality," an atopia of fragmentary appellations pieced together from different times and places, and a political allegory told through the various other names of Taiwan. The rhetorical method of this phantom status is the method of supplementation, expressing difference through aliases, i.e., creating the defining conditions for one's own meaning through the process of differentiation, while at the same time constantly reiterating the remembrance and forgetting of the open secret of one's status.[32]

Ying-jeou Ma and President Chen Shui-bian on a CNN talk show. Information cited from Shuan-hung Wu, who has studied the problems surrounding Taiwan's title as a reflection of the concept of Taiwanese Independence. See Shuan-hung Wu, "Independence In-declared: In the Name of Aliases," *Chung Wai Literary Monthly*, No. 343 (Taipei: 2000), p. 126.

[32] Shuan-hung Wu, op. cit., p. 126

Bursting Out/Acting Out outside Others

In an atopia, one must utilize a broad spectrum of allegory, metaphor, simile, code, metonymy and cataphora to express through "a different manner of expression" the unavoidable logic of violence within the social, political, ethical and technological logic which speech involves. This twisting, distortion, contortion and alteration of metaphorical connections is a transference of a nameless *terra incognita*. The uncertain status of its name actively creates a personal definition serving as an intersubjective position between the acknowledged subject and the other, forming the framework of a symbolic order codified within political reality, which cannot possibly open up to the real order. This is the creation of the "outside the other" strategy: through constant rhetoric and reiteration, atopia alludes to its own inexpressible phantom status. Yet it is also a perverse condition of recalcitrance/obedience to the rules of a symbolic game.

The atopian condition brought to light in the exhibition *Atopia* is the transference of the cultural symbols of Taiwan's cultural and political unrepresentability, as a non-place place. *Atopia* as a subject of Taiwanese contemporary art, through the creation of an internalized artistic depiction of the consciousness of exile, and parasitically living on, illuminating and encircling the local cultural state, is an attempt to weave the local political and cultural texture into works of art, reflexive of Taiwan's acting out on a glocalized terrain. This is a mirrored community reflecting Taiwan as a cultural, social and political territory, a magical reversal by way of geographical and psychological exercise, and also an invitation to the viewer to engage in a symptomatic reading of atopia.

Ming-liang Tsai is one of Taiwan's most important contemporary film directors. He is also one of the major windows for the export of Taiwanese culture, even though he is a Malaysian of ethnic Chinese descent. The Exhibition of the Taipei Fine Arts Museum of Taiwan for the 52nd Venice Biennale features the Tsai Ming-liang installation/film "Is It a Dream." The setting is a derelict cinema in Malaysia. The choice of locales serves as a reference both to the Golden Age of the global film industry – the 1970s – and its present-day decline. From a different angle, it is also a return to the setting of the special nostalgic feelings for film the artist formed as a child. Indeed, Tsai's work is a time-sculpture of minor literature. The metaphors that surface in it include the ghostlike absence of a father figure. In 2005, he wrote the following words relating to his work "Withering Flowers":

> *Sickly son*
> *The sauna dark and damp*
> *He comes across his father*
> *They don't know each other*
> *Embracing each other*
> *He helps him beat it out*
> *Thinking of the Great Man's bronze statue*
> *His back*
> *Silence*
> (Tsai Ming-liang, "Withering Flowers," Kinmen, 2005)

Worth pointing out in this composition is the conceptual transition from "home" to "country," from body to action, pointing out a disjunctive state in national and familial orders. And this concept at the same time echoes the contradictory temporal and spatial state in Tsai's earlier film "What Time Is It There?": the role that concurrence of time plays in the main male character's obsessive, imaginary love, which gradually reveals the existence of a psychotic condition. In Tsai's works, his personal attitude in reflecting on his own culture is oddly contradictory – nostalgia arrived at through alienation, serving as politicized allegory. And the syntax of the local culture that is established in this framework – a great man, unrequited love, incest between father and son, individual sexuality – is a metaphor of spaces meandering in the mist-clogged secret chambers of a sauna, or along a muddy riverside, lost "in the name of the father."

Kuo Min Lee's documentary style of filmmaking incisively portrays the relationship between inhabitants and their environment and history. In addition to documentation, the artist, through the method of action, becomes involved in the closure and removal of communities, and the interaction between local residents and the authorities. Kuo Min Lee's works are at once a form of conceptual photography and a documentation of society. He started to document the bygone lifestyles of the residents of Taiwan's "empowerment community," in such places as Treasure Hill, the No. 1 Air Force Community in Sanchong, the Wenho New Village in Banciao, and Losheng Leprosarium. Lee's works always express a connection between local residents and their objects and environment, while also serving as evidence and testimony of the changes occurring in society. He uses interviews, beginning by filming people's residential surroundings – a half-intrusive behavior into objects, space, environment and communities. He attempts to express the process of a community's gradual depopulation, using facts found in community surveys and collecting evidence of urban spaces in the midst of change, as a reference to the death of images in the representational system. From a different angle, these are urban scenes slowly disappearing, sacrificed to the realities of economics and society.

Huang-Chen Tang's work embarks from a well known Taiwanese scenic postcard. She begins her video action with a　nearly obsessive undertaking – causing a lost image to appear in real places, such as France, Korea and Taiwan. The work's meaning is expressed through the re-presentation of the memories of a private place's visual culture, like a tourist photo taken while traveling. Insanely, the work employs an impossible method to achieve an impossible goal – supplementing a still image with moving images, to make outsiders, who do not know this photograph, comprehend his intentions in traveling. Huang-Chen Tang is a modern-day Kua Fu (a giant who chased after the sun in Chinese mythology), constructing an artwork using a kind of untranslatablity involving culture/material/action, etc. And specifically because he uses this form of impossibility, he is able to instill his works with a boundlessly fascinating space that is a gray zone of paradox somewhere between individual action and collective memory.

Shih-chieh Huang uses domestic appliances to create bricolages – low-tech works that form a symbiotic, organic environment. Through damage, reconstruction and regeneration, Shih-chieh Huang's works present, not a perfect simulation of technology, but an unfamiliar technological state that is a shortcut to reality. His spontaneous, chaotic bricolage presents a technological state that has the footprints of the artist's individual psychological state, as well as the state of the local culture and society. In his works, he employs low-tech, mass-produced goods to explore consumer culture and the human condition. Unveiled before the eyes of viewers, like purely non-utilitarian inventions, his works convey cultural habits through pieced-together recycled objects obtained from local culture. Moreover, they point out the atopian state of technology and humanity: a hysterical condition in which the future state of technology is imagined, perfectly explicating a sense of anxiety toward present and future technology, while also establishing an ironic context that demonstrates that technology has always risen from human beings.

The artwork of VIVA might be described as the process and result of reinterpreting the Japanese subculture of *doujinshi* in Taiwan; yet it would be equally valid to say that through cultural mimicry, he has created a state of local culture. In this way, the culture of the past is preserved, and a new, contemporary culture is expressed. This is one aspect of VIVA's works – examining glocalization from a cultural stance. VIVA himself is a practical executor of culture, as well as a performer of cultural rites. This kind of artist makes his own undertaking a work of art, a performative act. This method is completely different from most contemporary artists, who use the motives and subject matter of subcultures as a source of inspiration for their works. Such artists merely use (or consume) these subcultural forms, while VIVA's works exhibit the living condition of culture and society in progress. VIVA's work "Over-Clocker's Hell" adopts geek culture as its main theme, a form of realism manifested within subculture.[33]

---

[33] Recently, the two words "geek" and "nerd" have begun to be viewed as distinct terms, because "geek" is more specifically focused on technology and

Through these works, Atopia is an allegorical process, under another name and absent from a symptomatic reading method. If these works are a state of depiction, they might also be described as a bursting out/acting out of a catharsis against the exhaustion and pressure of the world's rules.34 The impossibility and unfeasibility of loving one's homeland must be expressed through some method other than representation and symbolism. This is Atopia's necessary transference of symbols. In other words, it is a banishment from reality, a sense of being a stranger in one's own land. To express this sense of exile, one must rely on a host of transferences and the open expression of individual experience, special experiences flowing from the center out. It is the journey of a stranger in a strange land. Its unrepresentability, its fluid state, is a singular and peculiar condition, wandering in the desert of reality, portrayed in such terrae incognitae as homelessness, travel, the margins of the city, technological states and subcultures through such manifestations as transference, replacement and bricolage, and through the method of "otherness.

---

computers. Also, "geek" is more closely associated with the concept of hackers. Here, one must particularly point out the intersection between "geek" and the Japanese concept of *otaku*. The two terms derive from different cultural origins (Japanese and American/British), but also have many shared concepts and references.

34 The concept of "acting out" can have two separate meanings: to perform, and to have an effect. Here, I have started conceptually mixing "acting out" and "performing": the process of acting out is determined by performance, either voluntary or involuntary (compelled). In psychoanalysis, "acting out" can be viewed as the subject's sending codified signals to others. See Dylan Evans, *Dictionary of Lacanian Psychoanalysis* (New York: Routlege, 1996), p. 2.

附錄二、從作品到研究

《從作品到研究：藝術研究的場域》 一文發表於威尼斯的「藝術作為思想(Art as a Thinking Process)」研討會， 另有專書出版。

From Work to Research: Sites of Artistic Research

Hongjohn Lin

Over recent years, the umbrella term "artistic research" has been taken over "art work" and "art projects" to serve as the description for the end product for art practices. The vey term "artistic research" does not rise from the air, and there is a site, be it socio-geopolitical, that can contribute to the causes for such nomenclature to emerge. If an art work can be replaced by art research, then, what differences do art researches stand for, in comparison to art work? What will be this research, specifically, target with and contribute to the field of knowledge? That is to say the topological relation of production knowledge can be effected from the specificity of artistic research? As we know there is a research imagination for every research, Do artistic researches much follow methods of conventional researches? What is the research imagination that artistic research can bring forth? These are the questions I attempt to address from grapping with the site of artistic research in establishing "a research of the research".

Artistic research, instead of just a "research," by definition is a work with discursive content, which is formulate in an academic method through writing and work, which is bounded by a certain format with limitations that needs to be sought systematically. One can observe such trend in the development of art early in the late 60's, when conceptualists started to develop an art practice along with discursive manner and most of times, a written statement in disclosing the work. One can also see that this practice is parallel to the insertion of MFA program in the art academies.　Therefore, the primary site of artistic research should the academia, and henceforth the academicization of art practice.　Artistic research, by definition, does not quite correspond to the "research on art-related subjects，"such as art theory, art history, aesthetics, and etc., although it can go parallel with the discourse of critical theories that are popular nowadays.　But when the term "artistic research" come to describe a artwork, it apparently demands a particular mechanism of conceptualization operated within the making of an art work. Artistic research cannot be simply equated to research-based art practice, but rather a structural conceptualization of art-making is implied in the word "research".　The truth is when we use the term "artistic research," the emphasis is always on the "artistic" side, not the other way around.　Indeed, there is the institutional factor and the aesthetic factor need to be combined in considering what comes to as we know the artistic research today.

That is the precise reason that we do not need to go for Duchampian algebra nor Maleviche's philosophical quest of abstract forms as the precedents of artistic research. But rather, in seeking where these two factors meet, one of such the primary scene would be the time when conceptual art become a major trend and coincidently the higher art education was based on the training of MFA master.　Many works produced since then not only were capable of delivering the discursive content which is contrary to the practice of modernists' representation and formalistic approaches, but also transformation to a creative model where disciplines of art have been played by linguistics and semiotics that dialogical and discursive content are employed.　The becoming -popular MFA postgraduate program, one of the terminal degrees for practicing art, aimed to combine theoretical discourse and creative production together. Most of practicing artists with MFA degree must present their artistic works and written thesis equally as their results.　This is the occasion for art practice in the academic institution, which in turn, internalizes the art practice in a different phrase of production that can be seen distinct from the earlier concept-oriented art works. Conceptualist art continued though postmodernism practice till now, the disposition of combining theoretical research and visual works as an creative conceptual mechanism, although they sometimes cannot be easily resolved, became the predominated practice in contemporary art.

Partly because of the transformation for institution of higher art education, and partly because of the tendency of art practice becomes more and more dialogical, with the proliferation of biennials flourished around world since the 90's, art work becomes more of research-oriented projects. It has to do with the numerous exhibitions are taking place everywhere, so that the artists are travelling somewhere to realize their projects. Especially during recent years, artists have been asked by curators to realize site-specific projects whose contents and subjects aiming for the relevancy for the local. Contextual art exhibitions, especially in the occasions of biennials, are playing much more significant role than before—artists do field research and works are revised. Artists then functions as a researcher, who is much like the role of an anthropologist to probe the local for the field study in a cross- cultural context. Even although certain styles and approaches from their old works have been adopted, new commissioned artworks are produced from the reference to the local. This sort of artistic practice/research, being held in the international exhibition, are much more concerned with the notion of territory, whether sociocultural, epistemological, or conceptual; of which need to define what are the inside and the outside in realizing the roles of the self and the other. These artworks can be loosely termed as global conceptualism reflecting the MFA training that the discursive part of work is much more needed. With biennial exhibitions different research approaches and subjects are employed to create an exhibition that significantly reflects the academicization of art practice, that can be noted as the transition from "work" to "research.[35]

In recent years, the debate on the artistic research has been much more heated ever than before because art schools started to found the practiced-based Ph.D. program, rather than MFA, in their

---

[35] In the States, the credit to finish MFA and Ph.D. are similar from 50 to 60 credits as the requirement for graduation.

departments for the past decade. Not only in America and Europe but also in Australia and Asia, many schools have founded the Ph.D. programs as the production of knowledge economy goes global. Although the weight on the creation aspect in curriculum is varied, there should be more credits and theoretical writings than MFA programs. The founding on Ph.D. in art practice can be seen as the increasing demand and supply for higher education to create the supplement for the old terminal degree in art, Master of Fine Arts. In order to win over the average, the MFAs, in term of symbolic capital such as prestige and entitlement, but also social capital such job opportunity and teaching position   as well , the Ph.D.s in Fine arts are created to raise above from MFAs .

Today practiced-based Ph.D. program, carried a very similar trajectory as another past terminal degree in arts,   D.A. (Doctor of Art), which is no longer exist in the States. In order to obtain a D.A. , work and dissertation have to be presented as requirement. Although many universities have closed their D.A. program in the late 90's, D.A. program provides an distinguished reference for today's academic artistic research. Both D.A. and Ph.D. programs have created for the supplement for M.F.A. degree, and many graduate students with M.F.A. degree went on to get a D.A. .   The training of D. A. also reflected one possible way to combine the theoretical work and the artwork together, i.e. to use artwork to demonstrate and conclude the findings in their theoretical writings, the dissertation. Most of D.A. researches were heavily influenced by the methods from art history which was a dominate subjects in interoperating arts,   these take the issues of style, motif, subject, material, and expression as their entry point for investigation and position their creative works in researched contexts. For example, the topic of a D. A. research can be "the mannerism in the postmodern era," which is to take the motif of a past art style "Mannerism" for an new meaning and for the application of the art works, which nevertheless leans toward the stylistic concern for art.   Although today the Ph.D. 's   researches employs vast different interpretative methods that exceed beyond that of art history which D.A. training relied on, the relation between the art and research remain the same. The differences of the interpretive framework between the Ph.D. and D.A. can   be accounted by the fact that art today are moving toward polysemic dimension, and so does the critical methods for art have become more eclectic　—cultural study, literary criticism, sociology, philosophy, psychoanalysis, and even economy (humanities in general) all become the method toolbox for artistic research.　One can assume that the eclectic nature of artistic research makes the production of art knowledge become a pluralistic theoretic practice. Moreover, the pluralistic nature has the second layer of meaning: artistic research must contain the creative practice side, art work, and the discursive side, writings. Although often the line to separate the practice and theoretic side are shifting and can be blurry, these two sides cannot easily collide together and resolved, precisely because there are two different systems of discursive modes-- one with form and the other, words. The intrinsic difference between the linguistic and the formal make the artistic research as an interdisciplinary approach which does not solely value various specialized branches of knowledge. It breaks down the old branches of knowledge and discourses—which can be deemed as a creative aspect— for a new object and a new language; neither of which can effectively belong to any domain of those branches of knowledge. Therefore the discipline of that knowledge is defied, and so is the rationalism behind it. Conceptual art which employs the linguistic and semiotics as part of artistic model can be seen as one example, that the rationalism supports the knowledge is transforming into the artwork and becomes something else.　The instrumentalization of knowledge in service of art-making shifts the epistemological base for the artistic research, which is to say, the artistic research much borders on the "artistic" side, while the research side is to be justified in the final stance of work.

Although Bourdieu has raised notion of *habitus* that insists in the academia whose participants internalize themselves for a shared perceptions, which define what the scholarly activity means, the composition of art academia is heterogeneous - scholars from different fields of humanities and disciplines can become its players as we witness in most of the faculty in art academia worldwide. Different accounts, reflections, speculations, argumentation, and rationalizations are made on the basis of different disciplines and subjects in the production of knowledge in art academia. The production of art knowledge can only take the plural form which is not a simple repetition of a fixed body of knowledge, and is democratic and contestant in essence. No longer are the selections, exclusions, and rejections made in accordance to certain criterion, and the immeasurable nature of such production of knowledge, which cannot accord with the conventional *habitus*, is to create situation of knowledge production whose scholarly activity can be much varied by challenging   the old disciplines .

Therefore, it would be meaningful to ask what can be a research in the heterogeneous art academia, and how can the artistic research differentiate itself from conventional research? As Arjun Appadurai once said, "a research is a systematic interrogation of the not-yet-known. "36 The norm of a research always involves with the institution. In writing a research, there are formats and rules that need to be followed. A research is possible through a statement to be claimed, the delimitation of research field, related literature to be referenced, and methods to be complied with. A conventional academic research is a "re-search," certain repetitions and transformations are taking place and therefore can be verified and falsified, which is in the unwritten rule of academia itself. Yet when it comes to the artistic research, its verification and fasifiability cannot be decided because there is no single knowledge to measure. Artistic research cannot be a "re-search" in the sense of reproduction of knowledge, simply because art practice needs to be unique and different. The unique and pluralistic nature of the knowledge of art makes today artistic research as an anomaly in the field of knowledge, which much relies on, an institutionalized methodology that is formed by given methods and disciplines. The knowledge that contributes to artistic research is the plurality in essence, which does not means just have multiple meanings and comprehensions, but rather it always attempts to achieves the status of plurality in the subject—not just co-existing but traversing from one to the other through different combination of processes and agendas. The specificity of artistic

---

[36] Arjun Appadurai, "Globalization and the Research Imagination," Public Culture, Duke University Press, Vol 12, 2000, 9

knowledge does not respond to a judgment or an interpretation—there is always a liberal course involved for a dissemination of meanings. This plurality does not depend on the ambiguity of its contents, but rather on the intertextual level that the artistic knowledge weaves through, and can only find its repetition as difference where we find the result of an artistic research.

Aside from the heterogeneous and democratic nature of knowledge production of art, artistic research is different from a conventional research because there is a tendency that the artistic research always crosses the boundary between art work and theoretical writings, be it in the trainings of M.F.A., D.A., or today Ph.D.. The discursive space of an artistic research requires an epistemological gap where the translatability (and un- translatability) between art works and art writings are gauged. Most of the artistic researches operate on a discursive space that crosses between two seemingly unparallel systems--one has to do with making of art, and the other the writing of art. Moreover, for the conventional research the notion of "replicability" is important, which is precisely the reason that a research has to be made in accordance with academic consensus following a fixed format, that is, the result of a research can be replicable once it is done to contribute to the field of knowledge for reproduction. It is based on the principle of accumulation that knowledge can induce further research that perpetuated in the academia. Yet the creative practice aspect of artistic researches operates in different manner, because the result of an artistic research, in essence, cannot be replicable-- an art work is unique, thus cannot be repeated, accumulated, and re-searched. Therefore, an artistic research is trans-disciplinary in a sense that it not just crosses over different subjects and cross the boundary between work and discourse, but it transgresses what the very definition of that theoretical disciplines—no matter is philosophy, aesthetics, art history, sociology, and so on and so forth. Being played on in-between status of subjects and disciplines, an artistic research imposes its politicity on art and knowledge, which creates an totally different research imagination.

In "the Ignorant Schoolmaster,"   Jacques Ranciere differentiates two types of methods, the social method and the emancipatory method. The former operated in the principle of consensus, the other, of dissensus for its democratic nature. 37 The emancipatory method, must realize its research imagination through innovation within the framework of already established institution and authority to show its unique end production, art work with discursive practice. As art is un-teachable and un-learnable, the practice of artistic research always keeps its borderlines to shift and to expand on the open ends in fostering a certain level of individual(the researcher) and collective that are transformative and contestant.   Many artistic researches can be coincided with what we come to term as the critical art and contemporary art to challenge the convention and conformity. Multiple disciplines can be of the use for the research. As such, artistic research produces a specific mode of production that escapes from the inequality and classification of knowledge per se to open up the possible principle of equality to question the authority, that is to say, an alternative to the hierarchical forms of institutions and the knowledge where powers asserted can be attained though intervention.

Considering these assumptions about the emancipatory aspects of artistic research can lead to a re-orientation to art Ph.D. education nowadays in the politics of art as well as of education. In particular, the artistic research is to create an instability within the production of knowledge to seek to avoid being captured by institutional formation through indeterminate research imagination-- an autonomy in producing a knowledge from work and words, and as such, it means precisely there can be no concrete expectation nor demand, and only self-organization and determination. It is based on the principles of democracy and quality: the principle of self determination and commonality in the course of doctorate study showing that there can be a supplemental version of art system that we have already had by mobilizing another way of art practice fueled in academia through the format of research, as most art Ph.D. programs all emphasize thier

---

[37] Jacques Rancière, Kristin Ross(Stanford: Stanford University Press, 1991)102

experimental and eclecticism.

Artistic research, when we investigate its primary site--the academia-- carries such traits of emancipatory method which always involved an in-decisiveness between works and words, research and discourse, method and un- method, or forms and thoughts. Gaps between these pairings are the very problematics of artistic research finally need to confront, and thus mark a special situation for art in the production of knowledge. As we know art is organized by external factors and cultural agencies in the art system, the artistic research have created a political effect in channelizing its eclective practice by inducing autonomy through the principle of democracy and equality that set within the production of knowledge. It is artistic research can effect a change in what we know as artist and its work in contemporary art, but also the institution in which has been implemented.   All of these indicate the ambitious project that artistic researches set forth can mean many gaps to cross over without a prescribed and given solution; which is to say there can never be any guaranteed success out of it.

策展主體：當代展演實踐

附錄二、從作品到研究

參考文獻

參考文獻分為五個主要方向 ：一）藝術與全球化；二）藝術理論、評論與文化研究；三）雙年展研究、評論；四）博物館學、展覽學；五）策展研究。

一）藝術與全球化

Amann, Jurg, and Martin Kunz-Marti. "American Dream? Protokoll eines Gesprachs." Kunstforum 118 (1992).

Bydler, Charlotte. The Global Artworld, Inc: On the Globalization of Contemporary Art. Uppsala: Acta Universitatis Upsaliensis, 2004.

Canclini, Néstor García. "Remaking Passports: Visual Thought in the Debate on Multiculturarlism." In The Art of Art History: a Critical Anthology, edited by Donald Preziosi. Oxford: Oxford University Press, 1998.

Enwezor, Okwui. "Between Localism and Worldliness." Art Journal 57, no. 4 (1998).

Grossaustellungen und die Antinomien einer transnationalen globalen Form. Berliner Thyssen Vorlesung zur Ikonologie der Gegenwart, eds. Gottfried Boehm and Horst Bredekamp, no. 1. Munich: Wilhelm Fink, 2002.

Fisher, Jean, ed. Global Visions: Towards a New Internationalism in the Visual Arts. London: Kala Press and Institute of International Visual Arts, 1994.

Griffin, Tim, James Meyer, Francesco Bonami, Catherine David, Okwui Enwezor, Hans Ulrich Obrist, Martha Rosler, and Yinka Shonibare, "Global Tendencies: Globalism and the Large-Scale Exhibition." Artforum 42, no. 3 (November 2003).

Grzinic, Marina. "Global Capitalism and the Genetic Paradigm of Culture." Seijo Journal of Aesthetics and Art History 16 (2004).

Kapur, Geeta. "Globalisation and Culture." Third Text, no. 39 (summer 1997).

Lee, Pamela M. "Boundary Issues: The Art World Under the Sign of Globalism." Artforum 42, no. 3 (November 2003).

Leggewie, Claus. "Europa in den 'United Colors of Benetton: Ein Multikultur-Marktbericht.'" Kunstforum 118 (1992).

參考文獻

Lesage, Dieter. Vertoog over verzet: politiek in tijden van globalisering. Meulenhoff: Amsterdam, 2004.

Lippard, Lucy. "Alles neu benennen!: Unser Afro-Asian-Hispano-Amerika." Kunstforum 118 (1992).

The Lure of the Local: Sense of Place in a Multicultural Society. New York: New Press, 1997.

Mackay, Hugh. "The Globalisation of Culture?" In A Globalizing World? Culture, Economics, Politics, edited by David Held. London: Routledge, 2004.

McEvilley, Thomas. "Marginialia: Thomas McEvilley on the Global Issue." Artforum 28, no. 7 (March 1990).

McLean, Ian. "Documenta X and Australians at Oxford: Thinking Globally From Europe." Third Text, no 42 (spring 1998).

"On the Edge of Change? Art, Globalisation and Cultural Difference." Third Text 18, no. 3 (2004).

Mercer, Koberna. "Intermezzo Worlds." Art Journal 57, no. 4 (winter 1998): 43–45.

Minglu, Gao. "Extensionality and Intentionality in a Transnational Cultural System." Art Journal 57, no. 4 (1998).

Mosquera, Gerardo. "The Marco Polo Syndrome: Some Problems Around Art and Eurocentrism." Third Text 21 (winter 1992–93).

"The World of Differences, Notes About Art, Globalization, and Periphery." Das Marco Polo Syndrom, special issue, neue bildende kunst, no. 4–5 (1995). Also available online at: http://universes-in-universe.de/forum/marcpol/english.htm.

Mosquera, Gerardo and Jean Fisher, eds. Over Here: International Perspectives on Art and Culture. Cambridge, MA: MIT Press, 2005.

Piotrowski, Piotr. "Central Europe in the Face of Unification." In Who if Not We Should At Least Try To Imagine The Future of All This? edited by Mária Hlavajová and Jill Winder. Amsterdam: Artimo, 2004. Also available online at http://www.artmargins.com/content/feature/piotrowski2.html.

"'Framing' of the Central Europe." Moscow Art Magazine, no. 22 (October 1998). Also available online at http://www.guelman.ru/xz/english/XX22/X2210.htm.

Ratnam, Niru. "Art and Globalisation." In Themes in Contemporary Art, edited by Gill Perry and Paul Wood. New Haven:

Yale University Press, 2004.

Ray, Gene. "Another (Art) World is Possible: Theorising Oppositional Convergence." Third Text 18, no. 3 (2004).

Smiers, Joost. Arts Under Pressure: Promoting Cultural Diversity in the Age of Globalisation. London: Zed, 2003.

Tawadros, Gilane, ed. Changing States: Art and Ideas in an Era of Globalisation. London: Institute of International Visual Arts, 2004.

Wimmer, Franz. "Globalkultur: Der Mensch in einer global sich vereinheitlichenden Kultur." Kunstforum 118 (1992).

二）藝術理論、評論與文化研究

Amor, Monica. "Whose world? A Note on the Paradoxes of Global Aesthetics." Art Journal 57, no. 4 (1998).

Araeen, Rasheed, Sean Cubitt, and Ziauddin Sardar, eds. The Third Text Reader on Art, Culture and Theory. London: Continuum, 2002.

Baker, George, Rosalind Krauss, Benjamin H.D. Buchloh, Andrea Fraser, David Joselit, James Meyer, Robert Storr, Hal Foster, John Miller, and Helen Molesworth. "Round Table: Present Conditions of Art Criticism." October 100 (spring 2002).

Balibar, Etienne. "Critical Reflections." Translated by Jeanine Herman. Artforum 36, no. 3 (November 1997): 101, 130.

Basualdo, Carlos and Reinaldo Laddaga. "Rules of Engagement: Art and Experimental Communities," Artforum 42, no. 7 (March 2004).

Becker, Carol. "The Romance of Nomadism: A Series of Reflections." Art Journal 58, no. 2 (summer 1999): 22–29.

Bianchi, Paolo. "Dialogkultur, Retrovision, neue Urbanitt und das Dazwischen." Kunstforum 118 (1992).

Bourdieu, Pierre. The Field of Cultural Production. New York: Columbia University Press, 1993.

David, Catherine. "Undursichtige Raume: Oder die Prozesse kultureller Konstruktion." Das Marco Polo Syndrom, special issue, neue bildende kunst, no. 4–5 (1995). Also available online at: http://universes-in-universe.de/magazin/marco-polo/d-david.htm.

De Baere, Bart. "Joining the Present to the Now." Kunst and Museumjournaal 6 (1994–1995).

Doherty, Claire, ed. Contemporary Art: From Studio to Situation. London: Black Dog Publishing, 2004.

"Location, Location." Art Monthly, no. 281 (Nov 2004).

Ehrlich, Ken and Brandon LaBelle, eds. Surface Tension: Problematics of Site. Los Angeles: Errant Bodies Press with Ground Fault Recordings, 2003.

Ekeberg, Jonas, ed. New Institutionalism, special issue, Verksted, no. 1 (2003).

Enwezor, Okwui and Olu Oguibe, eds. Reading the Contemporary:

African Art from Theory to the Market Place. London: Institute of International Visual Arts, 1999.

Haye, Christian. "Spin City." Frieze, no. 38 (January–February 1998).

Heartney, Eleanor. "Into the International Arena." Art in America 84, no. 4(April 1996).

Hottinger, Arnold. "Weltzivilisation: Verlust der kulturellen Strukturen der wirklich

zivilisierten Welt." Kunstforum 118 (1992).

Jacob, Mary Jane, and Michael Brenson. Conversations at the Castle: Changing Audiences and Contemporary Art. Cambridge, MA: MIT Press, 1998.

Kapur, Geeta. "Contemporary Cultural Practice: Some Polemical Categories." Third Text, no. 11 (summer 1990).

Kleeblatt, Norman L. "Identity Roller Coaster." Art Journal 64, no. 1 (2005).

Kravagna, Christian, ed. The Museum as an Arena: Artists on Institutional Critique. Cologne: Walther König Buchhandlung, 2001.

Kwon, Miwon. One Place after Another: Site-Specific Art and Locational Identity. Cambridge, MA: MIT Press, 2002.

Lamoureux, Johanne. "From Form to Platform: The Politics of Representation and the Representation of Politics." Art Journal 64, no. 1 (2005).

Mosquera, Gerardo, ed. Beyond the Fantastic: Contemporary Art Criticism from Latin America. London: Institute of International Visual Arts, 1995.

Poinsot, Jean-Marc. Quand l'oeuvre a lieu: l'art exposé et ses récits autorisés. Geneva: Musée d'art moderne et contemporain, 1999.

Poshyananda, Apinan. "Positioning Contemporary Asian Art." Art Journal 59, no. 1 (2000).

Preziosi, Donald. Brain of the Earth's Body: Art, Museums, and the Phantasms of Modernity. Minneapolis: University of Minnesota Press, 2003.

Rogoff, Irit. "Twenty Years on...Inside, Out." Art Journal 57, no. 4 (1998).

Terra Infirma: Geography's Visual Culture. London: Routledge, 2000.

參考文獻

Rugoff, Ralph. "Rules of the Game." Frieze, no. 44 (January–February 1999).

Sheikh, Simon, ed. In the Place of the Public Sphere? On the Establishment of Publics and Counter-Publics. Berlin: b_books, 2005.

Vine, Richard. "Asian Futures." Art in America 86, no. 7 (July 1998).

三）雙年展研究、評論

Alloway, Lawrence. The Venice Biennale, 1895–1968: From Salon to Goldfish Bowl. London: Faber and Faber, 1969.

Ardenne, Paul. "From Biennale to Banal? Schmooze and Globalization." Art Press 291 (June 2003).

Babias, Marius, ed. Im Zentrum der Peripherie: Kunstvermittlung und Vermittlungskunst in den 90er Jahren. Dresden: Verlag der Kunst, 1995.

Bonami, Francesco. "Debate: Biennials." Frieze, no. 92 (July–August–September 2005).

Brett, Guy. "Venice, Paris, Kassel, Sao Paolo and Habana." Third Text, no. 20 (autumn 1992).

Choy, Lee Weng. "Biennale Time and the Specters of Exhibition." FOCAS: Forum on Contemporary Art and Society, no. 3 (January 2002).

Esche, Charles. "Debate: Biennials." Frieze, no. 92 (July–August–September 2005).

Hasagawa, Yuko and Isabel Carlos. "Last Words on Biennials." Flash Art 28, no. 185 (November–December 1995).

Haupt, Gerhard, and Pat Binder, eds. Universes in Universes online resource about biennials. http://universes-in-universe.de.

Heinrich, Barbara, ed. Das Lied von der Erde: Biennalen im Dialog (Kassel Museum Fridericianum, 2000).

Hoffman, Jens. "Running on Empty: The Biennial is Dead! Long Live the Biennial." nu-e 1, (September 2003). Available online at www.nu-e.nu.

The Next Documenta Should be Curated by an Artist. Frankfurt: Revolver, 2004.

Krauss, Rosalind, Hal Foster, Silvia Kolbawski, Miwon Kwon, and Benjamin Buchloh. "The Politics of the Signifier: A Conversation on the Whitney Biennial." October 66 (fall 1993).

Leon, Dermis P. "Havana, Biennial, Tourism: The Spectacle of Utopia." Art Journal 60, no. 4 (winter 2001).

Llanes, Llilian. "La Bienal de la Habana." Third Text, no. 20 (autumn 1992).

Maravillas, Francis. "Cartographies of the Future: The Asia–Pacific Triennials and the Curatorial Imagination." Available online at: http://www.ari.nus.edu.sg/docs/asian%20art/FINAL%20MARRAVILLA

S%20-%20marravillas.pdf.

Martin, Stewart. "A New World Art? Documenting Documenta 11." Radical Philosophy 122 (November–December 2003).

McEvilley, Thomas. "Arrivederci Venice: The 'Third World' Biennials." Artforum 32, no. 3 (November 1993).

Misiano, Viktor and Igor Zabel, eds. The Revenge of the White Cube? special issue, MJ – Manifesta Journal 1 (spring–summer 2003).

Biennials, special issue, MJ – Manifesta Journal 2 (winter 2003–spring 2004).

Exhibition as Dream, special issue, MJ – Manifesta Journal 3 (spring–summer 2004).

Teaching Curatorship, special issue, MJ – Manifesta Journal 4 (autumn–winter 2004).

Ogbechie, Sylvester Okwunodu. "Ordering the Universe: Documenta 11 and the Apotheosis of the Occidental Gaze." Art Journal 64, no. 1 (2005).

Sinnreich, Ursula, Cay Sophie Rabinowitz, and Ali Subotnick, eds. "Inquiry: Learning from Documenta." Parkett 64 (2002).

Smith, Terry. "Biennials: In the Conditions of Contemporanity." Art and Australia 42, no. 3 (autumn 2005).

Suvakovic, Misko. "The Ideology of Exhibition: On the Ideologies of Manifesta." PlatformaSCCA, no. 3 (January 2002): 11. Also available online at
http://www.ljudmila.org/scca/platforma3/suvakovicengp.htm.

Venderlinden, Barbara and Elena Filipovic Ed. The Manifesta Decade: Debates on Contemporary Art Exhibitions and Biennials in Post-Wall Europe. New York: The MIT Press, 2006.

Vine, Richard. "Beyond the Biennale." Art in America 86, no. 7 (July 1998).

四）博物館學、展覽學

Balkema, Annette and Henk Slager, eds. Still, the Museum. Rotterdam: Still Foundation, 1997.

Barker, Emma, ed. Contemporary Cultures of Display. New Haven: Yale University Press, 1999.

Beer, Evelyn and Riet de Leeuw, eds. L'Exposition Imaginaire: The Art of Exhibiting in the Eighties. 's-Gravenhage: SDU and Rijksdienst Beeldende Kunst, 1989.

Bennett, Tony. The Birth of the Museum: History, Theory, Politics. London: Routledge, 1995.

Bosch, Annette van den. "Museums: Constructing a Public Culture in the Global Age." Third Text 19, no. 1 (January 2005).

Cooke, Lynne and Wollen, Peter, eds. Visual Display: Cuture beyond Appearences. New York: Dia Center for Arts, 1995.

Crimp, Douglas. On the Museum's Ruins. Cambridge, MA: MIT Press, 1993.

Dercon, Chris. Ik zou een museum willen maken waar de dingen elkaar overlappen. Rotterdam: NAi Uitgevers, 2000.

Foster, Hal. "Archive without Museums." October 77 (summer 1996).

"Archives of Modern Art." October 99 (winter 2002).

Gamboni, Dario. "The Museum as a Work of Art: Site Specificity and Extended Agency." Kritische Berichte 33, no. 3 (2005).

Greenberg, Reesa, Bruce W. Ferguson, and Sandy Nairne, eds. Thinking About Exhibitions. London: Routledge, 1996.

Greenberg, Reesa. "Identity Exhibitions: From Magiciens de la terre to Documenta 11." Art Journal 64, no. 1 (2005).

Hall, Stuart. "Museums of Modern Art and the End of History," in Modernity and Difference, eds. Stuart Hall and Sarat Maharaj, inIVA Annotations, vol. 6, eds. Sarah Campbell and Gilane Tawadros. London: Institute of International Visual Arts, 2001.

Hanhardt, John and Thomas Keenan, eds. The End(s) of the Museum. Barcelona: Fundació Antoni Tàpies, 1996.

Hannula, Mika, ed. Stopping the Process? Contemporary Views on Art and Exhibitions. Helsinki: Nordic Institute for Contemporary Art, 1998.

Harding, Anna, ed. Curating: The Contemporary Art Museum and

Beyond. London: Academy Group, 1997.

Karp, Ivan and Steven Levine, eds. Museums and Communities: The Politics of Public Culture. Washington, DC: Smithsonian Institute Press, 1992.

Exhibiting Cultures: The Poetics and Politics of Public Display. Washington, DC: Smithsonian Institute Press, 1992.

Krauss, Rosalind. "Le Musée sans murs du postmodernisme." In L'Oeuvre et son accrochage, special issue, Les Cahiers du Musée nationale d'art moderne, nos. (1986).

"The Cultural Logic of the Late Capitalist Museum," October 54 (fall 1990).

Leguillon, Pierre. Oublier l'exposition, special issue, Art Press, no. 21 (2000).

McDonald, Sharon, ed. The Politics of Display: Museums, Science, Culture. London: Routledge, 1997.

Muller, Hans-Joachim. Harald Szeemann: The Exhibition as Fine Art. Ostfildern: Hatje Cantz, 2006.

Noever, Peter, ed. The Discursive Museum. Ostfildern: Hatje Cantz, 2001.

Obrist, Hans Ulrich. "Installations Are The Answer, What Is The Question?" The Oxford Art Journal 24, no. 2 (2001).

O'Doherty, Brian. Inside the White Cube: The Ideology of the Gallery Space. Santa Monica: Lapis Press, 1976.

Pointon, Marcia, ed. Art Apart: Art Institutions and Ideology across England and North America. Manchester: Manchester University Press, 1994.

Schneckenburger, Manfred. Documenta: Idee und Institution. Bruckmann: Munich, 1983.

Schubert, Karsten. The Curator's Egg: The Evolution of the Museum Concept from the French Revolution to the Present Day. London: One-Off Press, 2000.

Sherman, Daniel and Irit Rogoff, eds. Museum Culture: Histories, Discources, Spectacles. Minneapolis: University of Minnesota Press, 1994.

Staniszewski, Mary Anne. The Power of Display: A History of Exhibition Installations at the Museum of Modern Art. Cambridge, MA: MIT University Press, 1998.

Szeemann, Harald. Zeitlos auf Zeit: das Museum der

Obsessionen. Regensburg: Lindinger + Schmid, 1994.

五）策展研究

Brenson, Michael. "The Curator's Moment: Trends in the Field of International Contemporary Art Exhibitions." Art Journal 57, no. 4 (winter 1998).

Coles, Alex. "Curating: Then and Now." Art Monthly, no. 275 (April 2004).

Coombes, Annie E. "Inventing the 'Postcolonial': Hybridity and Constituency in Contemporary Curating." In The Art of Art History: A Critical Anthology, edited by Donald Preziosi, 486–97. Oxford: Oxford University Press, 1998.

Drabble, Barnaby, Dorothee Richter, and Eva Schmidt, eds. Curating Degree Zero, an International Curating Symposium. Nurnberg: Verlag fur moderne Kunst, 1999.

Farquharson, Alex. "I Curate, You Curate, We Curate: Feature on Curating, Part 1." Art Monthly, no. 269 (September 2003).

Gillick, Liam and Maria Lind, eds. Curating with Light Luggage. Frankfurt: Revolver Archiv fur aktuelle kunst, 2005.

Hiller, Susan and Sarah Martin, eds. The Producers: Contemporary Curators in Conversation, B.READ, nos. 1–3. Gateshead: BALTIC, 2000-2001.

Hutchinson, Michael. "The New Curation." Art Monthly, no. 277 (June 2004).

Kravagna, Christian. "Dr. Livingston, I presume....Some Problems with Transcultural Curating." Art Planet: A Global View of Art Criticism 1, no. 0 (1999).

Kuoni, Carin, ed. Words of Wisdom: A Curator's Vade Mecum on Contemporary Art. New York: Independent Curators International, 2001.

Marincola, Paula. Curating Now: Imaginative Practice/Public Responsibility. Philadelphia: Philadelphia Exhibitions Initiative, 2001.

Obrist, Hans Ulrich. Delta X: der Kurator als Katalysator. Regensburg: Lindinger + Schmid, 1996.

O'Neill, Paul. "Curating U-Topics." Art Monthly, no. 272 (December 2003–January 2004).

O'Neill, Paul. Ed. Curating Subjects. London: Open Editions, 2007.

Ramírez, Mari Carmen. "Constellations: Toward a Radical Questioning of Dominant Curatorial Models." Art Journal 59, no. 1

(2000).

Stamenkovic, Marko. "Curating the Invisible: Contemporary Art Practices and the Production of Meaning in Eastern Europe." Inferno, no. 9 (2004).

Thea, Carolee, ed. Foci: Interviews with Ten International Curators. New York: Apexart, 2001.

Townsend, Melanie, ed. Beyond the Box: Diverging Curatorial Practices. Banff: Banff Centre Publishing, 2003.

Wade, Gavin, ed. Curating in the Twenty-First Century. Walsall: New Art Gallery, 2000.

White, Peter, ed. Naming a Practice: Curatorial Strategies for the Future. Banff: Banff Centre Press,

參考文獻

策展主體：當代展演實踐
Curating Subject: Practicing Contemporary Exhibitions

作　者 / 林宏璋（Hongjohn Lin）

出版者 / 美商 EHGBooks 微出版公司

發行者 / 漢世紀數位文化（股）公司

臺灣學人出版網：http://www.TaiwanFellowship.org

地　　址 / 106 臺北市大安區敦化南路 2 段 1 號 4 樓

電　　話 / 02-2707-9001 轉 616-617

印　　刷 / 漢世紀古騰堡®數位出版 POD 雲端科技

出版日期 / 2013 年 1 月（亞馬遜 Kindle 電子書同步出版）

總經銷 / Amazon.com

臺灣銷售網 / 三民網路書店：http://www.sanmin.com.tw

　　　　三民書局復北店

　　　　地址 / 104 臺北市復興北路 386 號

　　　　電話 / 02-2500-6600

　　　　三民書局重南店

　　　　地址 / 100 臺北市重慶南路一段 61 號

　　　　電話 / 02-2361-7511

　　　　全省金石網路書店：http://www.kingstone.com.tw

定　　價 / 新臺幣 200 元（美金 6.99 元 / 人民幣 45 元）

www.ingramcontent.com/pod-product-compliance
Lightning Source LLC
Chambersburg PA
CBHW031310060726
47590CB00003B/1143